HIMALAYA

Écriture visuelle : Benoit Nacci
Connectez-vous sur : **www.editionsdelamartiniere.fr**

HIMALAYA

Éric Valli

Textes de
Éric Valli et Anne de Sales

Dessins de
Tensing Norbu

**Éditions
de La Martinière**

Sommaire

« Qu'as-tu à vendre ? Que viens-tu acheter ? me demandaient au début ceux qui allaient devenir mes amis du Dolpo. Tu viens de si loin, tu prends tant de peine, simplement pour... voir ? »

Pratiques comme ils sont obligés de l'être, ils ne comprenaient pas que je puisse venir parce que j'aimais vivre parmi eux dans ces paysages immenses. Un jour enfin, je trouvai une réponse capable de les satisfaire :

« Je suis un pèlerin. »

Ce livre est le témoignage de ce grand pèlerinage commencé il y a presque trente ans. Contrairement à la plupart de mes livres, celui-ci ne raconte pas une histoire. Il parle simplement de rencontres, de découvertes, de chocs visuels, émotionnels. À l'image d'une toile impressionniste, ces photos sont autant de taches de couleur qui, de loin, se fondent l'une dans l'autre pour former un portrait. Celui d'un Himalaya dans lequel, adolescent, j'étais venu passer quelques semaines et qui m'a gardé si longtemps.

Ce livre est dédié à tous mes compagnons de route, à ceux qui rêvent ou ont rêvé avec moi, à ceux qui m'ont donné le plus beau des cadeaux : leur confiance. À toutes celles et ceux avec qui j'ai parcouru ces interminables sentiers où, souvent, croyant me perdre, je me suis trouvé. Il est en particulier dédié à Lakpa Gyalzen Sherpa.

Derrière combien de ces photos te caches-tu, Lakpa ? Combien de fois m'as-tu ouvert les yeux, le cœur ? Tu as vécu avec une intensité, une passion, une générosité, un amour qui, bien sûr, t'ont ouvert toutes les portes mais dont bien peu d'entre nous sont capables. Tu riais fort, tu buvais fort, tu vivais fort.

Un peu à l'écart du bûcher que ton fils a allumé, au son des trompes, cymbales et des voix graves des lamas, tes amis discutent, boivent, rient en évoquant ton souvenir. La vie continue. Étrangement, moi qui viens de traverser le monde pour te porter sur le bûcher, je n'arrive pas à être triste. J'ai plutôt envie de t'engueuler. Merde, il nous restait tant de chemins à parcourir...

La pluie s'est arrêtée. Les flammes montent. Je frissonne. Instinctivement, je tends les mains vers la chaleur. Combien de fois avons-nous fait ce geste, toi et moi, dans le froid des montagnes ? Souvent, je te cherchais au détour des sentiers. Encore une fois, tu es passé devant. Tu t'éloignes à présent sur le plus mystérieux d'entre tous. Je ne doute pas qu'il te soit favorable.

Kali pé ha, mon ami.

Va doucement.

E. V.

Katmandou, 1er juin 2001.

Je suis dans ce moment comme un homme qui rêve
et qui voit des choses qu'il craint de voir lui échapper.

Eugène Delacroix
Maroc, janvier 1832.

L'Himalaya n'est pas seulement la neige, les sommets, la démesure, le froid glacial et solitaire des plus hautes cimes du monde, les records héroïques et valeureux, les pentes vertigineuses, les précipices sans fin, le bleu insondable du ciel. Ses reliefs gigantesques, abrupts, pour certains hostiles, sont aussi terre des hommes. C'est ce que je découvrais, moi, l'alpiniste. Sans m'en être aperçu, je me retrouvais prisonnier d'un univers que je ne pourrais plus jamais ignorer. Lentement, le besoin de connaître, de me fondre dans ce qui m'entourait, s'était insinué en moi, mieux fiché qu'un piton dans la roche. Gravir les pentes enneigées ne me suffisait plus. Je voulus connaître ceux qui les habitaient. J'appris le népalais et, abandonnant les sentiers battus, je me lançai à l'aventure.

J'avance. La poudreuse, dans laquelle à l'aller nous avons brassé jusqu'à la taille, s'est transformée. À grands coups de talon, j'éclate une croûte devenue dure et glacée. J'avance, patiemment, régulièrement, à bonne allure. En sens inverse, je reprends l'ascension du col de Kagmara, « le col où meurent les choucas », porte ouest du Dolpo, à 5 400 mètres d'altitude.

Derrière moi, Chultim me répète de prendre mon temps mais ce col – mauvais pressentiment, mauvaise humeur ? –, je le veux derrière nous le plus vite possible. Lancer la jambe, frapper la carapace blanche, la briser puis s'assurer d'un soutien dans la poudreuse sous-jacente, balancer le corps en avant et recommencer. Combien de fois ai-je répété ce geste, combien de fois l'ai-je accompli aujourd'hui ?

Je lève les yeux. Un pinson des neiges s'est posé à quelques mètres de moi. Il piaille dans le silence que Chultim et moi sommes les seuls à troubler, concentrés sur notre marche, économisant chaque once d'énergie possible en prévision de la longue traversée qui, bien qu'aucun de nous n'en ait parlé, nous inquiète. Dans un battement d'ailes, sur le sentier qui zigzague à flanc de montagne, l'oiseau s'envole et se pose quelques mètres plus loin. Rond, dodu, sous ses plumes gonflées pour se protéger du froid, son corps doit peser à peine quelques grammes. Dressé de toute sa minuscule taille, il piaille, s'époumone, s'envole et se repose, deux, cinq, dix fois. Pourquoi ce manège ? Que cherche-t-il à me dire ? De quel danger veut-il me prévenir ? Comme tout homme livré à ces immenses solitudes, je cherche des signes.

Je continue d'avancer et songe à ce bâton qui, à l'aller, il y a plus d'un mois, m'a aidé à traverser l'enfer blanc qui nous a brûlé les yeux et la peau. Ce morceau de bois, compagnon silencieux auquel je m'étais attaché, m'avait permis de garder mon équilibre dans la profonde et les coulées de neige. Près des premiers arbres, je l'avais religieusement caché, sûr de le trouver au retour. En vain je l'ai cherché. Avec mon couteau-scie, j'en ai coupé un autre. Bien droit, lourd, c'est ce morceau de buis que serre à présent ma main et qui remplace l'autre, le bâton fidèle, abandonné et perdu, alors que nous laissons la forêt derrière nous. Devant l'épreuve qui m'attend, cette disparition me semble un mauvais présage. L'oiseau, lui aussi, est parti.

Nous nous arrêtons à Kuruksang, une minuscule épaule qui déborde de la paroi, unique replat dans le monde vertical qui nous entoure. Au pied du gros rocher surmonté d'un *chorten* – un édifice religieux –, nous partageons un quart de *muesli* trempé dans le thé encore chaud de nos gourdes et quelques fruits secs. C'est là que le sentier des caravanes quitte brusquement l'ouest pour le sud. Changement d'orientation, pente plus raide, altitude, la croûte de neige est maintenant si dure que ma semelle ne parvient plus à l'éclater. Mon bâton vibre. Je m'en sers comme d'une barre à mine que j'abats devant moi pour tailler la prochaine marche. Au Dolpo, nul n'a connu autant de neige depuis dix ans et je n'en ai, pour ma part jamais vu, même en hiver, aussi bas.

Je me maudis en me demandant pourquoi, moi le montagnard, je n'ai emporté ni piolet ni crampon. C'est le prix à payer pour éviter le poste de contrôle et rejoindre, clandestinement, encore une fois, ce pays, ces gens dont je suis tombé amoureux. Pas le temps d'y penser. Pour Chultim et moi, l'univers se borne alors au cadre étroit de nos prochains pas : tout juste cinquante centimètres devant nous. Les éclats de neige dure volent au bout du bâton que j'utilise comme une lance. Autour de nous, le paysage se dresse, vertical, vertigineux, fuyant.

Notre sentier, qu'il nous faut deviner sous la neige compacte, surplombe le torrent qui, à près de 5 000 mètres d'altitude maintenant, s'est tu sous sa gangue de glace. Sur le flanc raide de la pente, je taille une marche suffisamment large pour y placer la moitié de ma semelle. La glace lisse brille, brûle. Mon pied droit avance. Mon corps, habitué, déjà anticipe et mon poids bascule vers l'avant. Une erreur de quelques centimètres à peine, et je rate l'encoche. La pente me happe.

Non, je ne revois pas ma vie. Des deux mains, je saisis mon pieu pour le planter dans la glace qui défile sous moi. La pointe émoussée ne fait qu'écorcher la surface dont les éclats m'aveuglent. Si je ne parviens pas à m'arrêter avant la falaise, je le sais, je suis mort. La glissade ralentit, puis la pente implacable m'avale de nouveau. La falaise. Je tombe. Debout, dans le vide, je pivote sur moi-même, devinant le lit gelé du torrent dans lequel, enchâssées, les grosses molaires grises des rochers m'attendent. Je réalise calmement que je vais mourir. L'image de Chultim, me racontant son expérience de parachutiste dans les SFF (Special Frontier Forces), jeté de nuit, à l'aveugle, dans les montagnes, me revient curieusement à l'esprit. Regroupé, genoux pliés, échine courbée, tête dans les mains, je le vois, mimant pour moi la position d'atterrissage. Bordé par les sommets enneigés, le drap immense, bleu sombre, intense, presque vibrant du ciel, se déploie au-dessus de moi… Je ne sens rien. Je n'entends rien sinon le silence. Je tombe…

Est-ce le même gouffre qui m'a happé le jour où, juché sur les ballots de coton du camion bariolé qui m'avait pris à la frontière indienne pour me conduire à Katmandou, j'avais, pour la première fois, ouvert les yeux sur ce paysage grandiose ? Peinturluré de perruches, de temples hindous, d'yeux bridés de Bouddha, le vieux dragon, dans le hurlement de ses pignons mis à rude épreuve et les ahanements de sa machine exténuée, négociait la fin d'une pénible montée. Réveillé par le froid plus que par le bruit ou les secousses, je m'étais redressé parmi les ballots en frissonnant. Nous débouchions sur un col.

Dans une symphonie de verts, éclaboussée ici et là des minuscules points blancs et ocre des habitations au toit de chaume, les collines d'une large vallée, sculptées de milliers de terrasses, parcourues d'innombrables sentiers, s'offraient à la caresse des derniers rayons du soleil. À cette perfection ciselée par la main de l'homme, répondait la majestueuse beauté de la chaîne de montagnes, étincelante et pure, dont les sommets se dressaient à l'horizon du ciel. Elles étaient si immenses, si impressionnantes, d'une découpe si parfaite qu'on ne pouvait que songer à un décor de théâtre peint derrière les collines. J'avais vingt et un ans. Je m'éveillais à peine et j'étais soudain aspiré par la beauté du monde.

Cette plénitude, douce et tranquille, cette vision de paix, calme et sereine, m'avaient bouleversé, mais je ne percevais pas encore cette quête qui n'allait cesser de me hanter : la certitude d'une image insaisissable. Cette vérité, qu'ici et là, il me serait donné d'apercevoir et qu'il me faudrait éternellement traquer.

À la tombée de la nuit, ivre d'émerveillement, d'espoirs et de félicité naïve, je me glissais dans mon sac de couchage. Je découvrais le Népal, ignorant que ces collines devant lesquelles je venais de m'extasier, ces immenses plaines que j'avais traversées, autrefois infestées par la malaria, cette forêt profonde, encore peuplée de tigres, n'étaient que le seuil luxuriant d'un univers aride et pur dont la beauté, la richesse, la générosité allaient si puissamment emprisonner mon âme.

Des paysages somptueux perdus dans la brume et le silence des forêts. Des villages aux toits de nattes arrondis, chaque maison ponctuée de son mat où flotte le drapeau à l'effigie du Tâ, le cheval porteur des prières des hommes vers les dieux, les terrasses où l'on vanne et qui, au soleil, accueillent les bavardages des femmes. Les visages lisses ou ridés de tous les paysans du monde, les gestes simples, antiques, avec lesquels on bat le grain. Les *passams*, ces ponts qui enjambent les flots grondants de la rivière, faits de liens de bambou éclaté et tressé. Les caravanes de yaks qui arrivent du Tibet, apportant sel, laine et graisse que l'on vient troquer contre le grain. Le bruit des cymbales et du tambour, les lamas qui mènent de front leurs tâches religieuses, les travaux des champs et leur vie de famille, les grandes hottes tressées, les mains noueuses, les regards perdus, les sourires aussi. Les chants et les prières…

Tout m'était neuf. Moi, le Dijonnais timide, lancé presque par hasard sur les routes du monde, j'allais à la rencontre des hommes. Et je revins. Deux fois, trois fois. Encore. Parce que chaque détail de cet univers entrevu me fascinait toujours un peu plus. En route, quelque part, m'était venue la lubie de la photographie. Au fil de mes séjours dans cette vallée où je vécus plus d'un an et demi, et des photos que je leur apportais, les habitants de la Tsangbou, tolérants et curieux, m'avaient pardonné cette étrange manie.

– Combien d'entre nous as-tu mis dans cette boîte noire que tu portes à ton cou ?

La voix est grave, gentille. L'homme pointe son doigt vers l'appareil photo que je viens tout juste de laisser retomber sur ma poitrine. C'est Promouke Lama, l'homme qui, dans quelques jours, va ordonner la plus grande cérémonie religieuse de l'année : l'exorcisme des démons de la vallée. Dans la foule qui nous entoure, je ne l'ai pas vu approcher.

Le village, minuscule, est perché sur la crête. Ses ruelles, d'habitude si calmes, sont envahies de monde ! De toute la vallée, on est venu assister à la cérémonie de purification qui se déroule chaque solstice d'hiver. L'heure est à la joie et à l'espoir. On couche chez des amis et les maisons du village sont combles. Cette fête, bien sûr, est religieuse mais en plus, elle permet de se retrouver, d'échanger les nouvelles, d'établir de nouveaux contacts commerciaux, de présenter filles et fils à marier, de rire et de consommer la *tongba*, cette bière chaude de millet fermenté que l'on boit dans de grands pots de bois avec un fin bambou en guise de paille.

– Tu n'arrêtes pas de faire des photos de nous, de nos visages, de nos enfants, de nos amis, reprend-il. Il doit y avoir tant de gens là-dedans !

Il n'emploie pas le mot *tchorné* : voler, mais *rakhné* : mettre. J'entame mon troisième séjour, mon huitième mois dans la vallée, mais son air distant, sa beauté empreinte de gravité et de tristesse et son statut de grand lama du village m'impressionnent

toujours. Je veux photographier la grande cérémonie mais je n'ose pas le lui demander. Le soir, devant mon embarras, Passang, mon hôte, se propose d'intercéder en ma faveur. Deux paquets de cigarettes et une bouteille de *rakshi* feront l'affaire, m'assure-t-il avant d'enflammer une poignée de bambous séchés dans le feu et de disparaître dans la nuit…

Le lendemain, réveillé par la plainte de la conque qui retentit comme une bien étrange corne de brume, je me faufile entre les corps endormis pour me rendre là d'où émane le long gémissement : la *gompa* accolée à la maison de Passang. Le grand tambour pend du plafond. Frappé en son milieu, il émet un son puissant et profond qui fait vibrer la poitrine. Une douzaine de lamas et assistants, assis devant des tables basses, enveloppés dans de lourds vêtements, entonnent des litanies sourdes et graves, aux tonalités lugubres, parfois rugueuses. Devant eux, à leur portée, plusieurs grandes *tongbas* à la lèvre ourlée de farine en signe de bon augure et plusieurs bambous-pailles à l'embout d'argent. Ils s'y penchent, pour aspirer goulûment, avant d'échanger quelques mots et de reprendre le fil de la mélopée. Soudain, le rythme change. Le ton monte, plus aigu et saccadé, les paroles sont comme hachées. Penchés sur le même livre qu'un assistant éclaire à la lueur d'une torche, les visages eux aussi se transforment. Ils se font durs, presque haineux. Les regards tendus suivent le doigt fébrile qui parcourt la page. Des lampes à beurre brillent dans la pénombre et bientôt, dans un rayon de soleil qui pénètre presque à l'horizontale par une minuscule ouverture, je découvre plusieurs hommes en train de modeler, avec de la farine et du beurre, des dieux et des démons. L'exorcisme a commencé. Il durera quatre jours. Un homme me fait signe de prendre de la bière. Je me penche sur un des embouts de l'énorme pot creusé dans une souche d'arbre et j'avale l'alcool chaud. J'ai faim, j'ai froid. Tant pis. Je veux me fondre dans cette étrange atmosphère. Promouke Lama est dans un coin, silencieux, concentré, absent… Combien de temps s'écoule-t-il ? Brusquement, dans un claquement de cymbales, tous se lèvent. La porte de bois grince et s'ouvre. Nous sortons dans la cour dallée, éclaboussée de lumière. Tout autour, assis, debout, serrés sur les murets, les toits, dans les ruelles, sont réunis les villageois de toute la vallée. Cette cérémonie est pour eux. Elle doit chasser les mauvais esprits, les fantômes, le mal, écarter tous les obstacles qui se dressent dans la vie des hommes. Tous ont apporté, parfois après un jour et demi de marche, du riz, de l'orge, du millet, du beurre, du thé, de la viande ou même quelques roupies pour offrir aux lamas en charge de la chasse et de la destruction des démons. L'atmosphère est fébrile, attentive.

Silhouettes géantes, surmontées de masques et portées par des hommes, les trois dieux protecteurs qui descendent de la forêt sont apparus hier à la tombée du jour. À présent, eux et bien d'autres, dieux ou démons, dansent. Masques à tête de mort, de Garuda, de loup, de vieil homme ridé. Délaissant les danses dont j'ai du mal à saisir le sens, je tourne mon attention vers les villageois pour qui chaque pas, chaque mimique, chaque masque revêt une signification profonde. Eux ne font guère attention à moi. Je les regarde avec tendresse. Les spectateurs rient aux éclats, écarquillent les yeux. Penchés à l'oreille du voisin, ils commentent le spectacle sans jamais le quitter des yeux. Bouches arrondies, bébé au sein, main grattant vigoureusement la tête sous la coiffe de laine noire... De cette foule compacte, dans la chaleur de ce milieu de journée, émane un relent de suint, de sueur et de fumée. Au milieu des odeurs, des tonalités ocre et brunes et de ces jeux de lumière, j'ai l'impression de m'être glissé dans une toile de Bruegel.

Le brouhaha redouble alors que trompes, tambours et cymbales se taisent. On s'étire, on baille, on se trémousse, on bourre une pipe de bambou au fourneau de laiton, on sort le paquet de cigarettes que l'on distribue aux alentours avant d'allumer la sienne. Et puis le murmure qui montait s'éteint. Les regards se lèvent, convergent vers le centre de la cour fermée, au pied des drapeaux à prières où, pendant tout ce temps, Promouke Lama est resté assis, prostré, tirant de temps à autre de son bambou une goulée de *tongba*.

Les derniers danseurs ont disparu. Seul à présent, revêtu d'une ample et antique robe de soie, couleur bronze, brodée de dragons, le lama se lève. Un assistant lui apporte un chapeau noir aux larges bords surmonté de flammes et de crânes et, dans un silence religieux, brandissant les instruments sacrés, il extermine le démon, symbolisé par cette statue de millet rouge qu'il tient dans la main gauche. Prolongée d'une énorme corne de yak sauvage sa main tombe et, cérémonieusement, transperce la petite statue. Avec la flèche qu'un autre assistant lui tend, toujours au ralenti, il esquisse sur place quelques pas de danse en même temps qu'il abat ses instruments de façon répétitive. Son visage est terriblement concentré. Dans la cour règne un silence de haute montagne. Fasciné par l'intensité du spectacle, je me faufile entre mes voisins pétrifiés et, mon Leica à la main, le cœur battant, j'avance vers Promouke qui ne me voit pas. Comme la foule que j'oublie, cette danse aux gestes amples et graves m'hypnotise.

La chaleur et la lumière se réfractent sur les dalles claires. Les bras levés, la poitrine ouverte, le lama présente les outils de destruction l'un après l'autre, l'énorme corne de yak sauvage, la flèche à l'empennage de vautour, la fronde à neuf yeux. Lentement, épousant instinctivement l'écho de sa danse, j'avance, moi aussi, au ralenti. Nous sommes deux au milieu de la place. Derrière Promouke, les deux grands drapeaux à prières frémissent, chuintent, s'élancent et claquent dans le vent calme. Autour, tout est immobile, silencieux, suspendu. Sur son buste, les dragons brodés de fils d'or se gonflent puis se plient lorsqu'il abat le sabre, lentement, sur le démon que chaque paysan autour de

nous entend gémir, crier, se convulser, terrassé par le pouvoir glorieux de la foi. « Nos enfants ne mourront plus, je retrouverai mon yak, ma récolte sera abondante, je porterai l'enfant que j'aimerais tant avoir, l'échange sera meilleur, mon mal de dent va disparaître... » Je peux entendre les souhaits, les aspirations, les espoirs, les prières silencieuses s'élever comme une houle muette et pleine de ferveur... Et moi, de quels démons dois-je me débarrasser ? De moi-même, de ma timidité, de mes peurs, de mes aveuglements ? De tout ce qui me limite... Ma respiration a trouvé le même rythme que celle de l'homme qui me fait face. Le visage torturé de Promouke est d'une beauté dramatique, bouleversante. Il remplit totalement mon cadre. Fait-il comme si je n'étais pas là ou ne me voit-il pas ? Ses cheveux longs, noirs, encadrent son visage où tour à tour se lisent espoir, courage, peur, victoire. Son nom, Promouke, ne signifie-t-il pas « le puissant » ? Des perles de sueur brillent sur son front. Une goutte glisse, trace son chemin sur sa pommette cuivrée. Ses yeux sont...

Je suis en transe, envoûté moi aussi. Le combat superbe que livre cet homme, je le vois, je le sens, je le vis. Je suis cet homme ! Je suis tous les hommes et je porte avec lui, avec eux, nos peurs les plus profondes et nos espoirs les plus fous. J'ai conscience de notre terrible faiblesse et de notre incommensurable force. Moi, l'ébéniste et le moutardier de Dijon, moi qui n'ai aucune culture religieuse, je chasse les démons au bout du monde ! Mais qui suis-je ? Que fais-je à danser avec ce lama tibétain ? Pourquoi suis-je ici ?

En vingt-cinq ans d'errance, je me suis souvent posé cette question. Aujourd'hui, ce que je sais, c'est que je veux être le témoin de ces peuples oubliés, menacés, de ces racines, nos racines qui, avec eux, disparaîtront à jamais.

Ces hommes que j'ai côtoyés au milieu des forêts, accrochés aux falaises ou aux arbres, risquant leur vie pour arracher aux abeilles, à mains nues, le miel de nids géants. Ces hommes que j'ai rencontrés dans des vallées si hautes que nul arbre n'y pousse et qui, pour se chauffer, brûlent les bouses séchées de leurs yaks. Ces hommes valeureux dont la survie dépend d'un fragile et prodigieux commerce de sel et de grain de part et d'autre des plus hautes montagnes du monde, ces hommes de foi dont les pas, comme s'ils voulaient incruster leur ferveur dans la terre aride qui les porte ou, au contraire, l'en extraire, arpentent sur des centaines de kilomètres, seuls, démunis, humbles et soumis aux forces de la nature, les étendues désertes et nues qui sont les leurs. Mani Lal, Tinlé, Norbu, Promouke, Nanda Lal, Bahadur, Labrang Tundrup, Sano Karma, Passang, Mona, Lakpa Gyalzen, Lundrup, Chultim, Cheuki, Maské, chasseurs, bergers, lamas, chamanes, hommes et femmes, pêcheurs, porteurs, ermites, pèlerins, combien sont-ils à m'avoir, quelques secondes ou des mois durant, offert le partage de leur existence ? Et moi, pieusement, je notais dans mes petits carnets les bribes de leurs vies, les noms de leurs dieux, les mots de leur vocabulaire, mes photos capturant ce qu'elles pouvaient de scènes dont la précarité aujourd'hui m'effraie.

Parfois, je suis tellement pris par ce que je vois que j'en ai mal. L'espace d'un instant, je ne vis que par mes yeux. Je ne suis qu'un regard, œil gigantesque, béant, ouvert sur le monde, aimant et souffrant, lucide et captif à la fois. J'arrête de respirer. Je ne suis que vision. Et parfois, je suis tellement pris par ce que je vois que j'en ai mal, mal d'attendre le moment merveilleux que je sens naître. Pangdjé levant vers son visage le morceau de glace qu'elle vient de casser de la fontaine, dont le regard s'illumine subitement d'un rayon lumineux du soleil levant. La rivière, gonflée par les pluies de la mousson, grondant sous le frêle pont de bambou où

s'est engagé mon porteur qui, suspendant sa traversée périlleuse, s'arrête un instant. Le coq se dressant sur son panier et qui, tout à coup, se tourne vers la femme qui le porte. Le rideau du Leica, à chaque fois, s'est ouvert puis fermé. Le coq a tourné la tête puis s'est recouché dans son nid au milieu du panier. L'éclat de soleil s'est éteint. Le morceau de glace, tombé sur le sol, s'est brisé. Pangdjé qui, l'espace d'un instant, s'est émerveillée du mystère et de la beauté de la nature nés entre ses mains, a fait trois pas et ramassé son sac d'écolière. Le porteur a repris sa respiration, son courage, et continué sa traversée. Le pont de nouveau se balance sous son poids. Et moi, adossé au pilier de la maison ou contre ce rocher humide, à bout de souffle, les yeux brouillés, je suis comme assommé. Mon cœur bat fort et pèse lourd dans ma poitrine. Qu'ai-je vu en ces instants si brefs ? Une fillette qui ne fait qu'un avec l'univers. Des moments de grâce où l'homme et la nature, dans une combinaison alchimique rarissime, m'ont laissé entrevoir, transcendant les barrières qui, d'ordinaire, les séparent, le mystère d'une extraordinaire harmonie. Moments de vie pure, si douloureusement présente qu'il me semble, derrière, percer un ultime secret. Je suis exténué et tâche de cacher mon émotion.

Combien de temps s'est-il écoulé ? L'éternité peut-être, entrevue par l'une de ses brèches, dont le précipice m'a donné le vertige… Le temps de reprendre ma respiration et c'est à moi de m'engager sur le pont…

Les images se succèdent. Plus que des photos, toujours imparfaites, dont je me demande souvent ce qu'elles peuvent traduire de ces instants fugitifs gravés dans ma mémoire, il me reste ces regards volés, ces moments dérobés à l'éternité, gestes intimes, miroirs de l'âme, dont la fortune m'a fait témoin. Le sourire de cette jeune fille timide, sortie de nulle part, qui, sans un mot, vient offrir une assiette de *tsampa* (farine) à Lakpa, juste avant de s'évanouir comme si nous l'avions tous rêvée. Le regard médusé des gens de l'assistance, Lakpa qui, ne sachant que dire, rit nerveusement… Quelle vérité trop brève pour me laisser, pantelant et désabusé, autre chose que la frustration de sa fugacité et le sentiment de ma propre vanité ? Qu'ai-je pressenti ou qu'ai-je imaginé ? Ce que je cherche peut-il seulement être photographié ? Serais-je condamné à chercher l'insaisissable : cette part d'humanité en nous, invisible, éphémère, si fragile, qu'aucune photo jamais ne capturera ?… Reste le pouvoir des mots pour dire ce que là-bas, là-haut, parmi eux, j'ai vu, senti, éprouvé. Et encore, les mots, mes mots, semblent si pauvres en regard de l'immensité de l'univers et de la vie.

Ainsi ce peuple Gurung des hautes vallées perdues… Tout avait commencé un soir, lors d'un dîner à Katmandou où les noms de Marco Polo et Francis Bacon avaient côtoyé ceux de Pline et Léon l'Africain. La Compagnie des Indes orientales, Venise, Samarkand, Hong-Kong et Novgorod s'étaient succédé dans la bouche de Jean-Paul Guerlain qui, avec un art consommé, nous avait raconté l'étrange et fascinant voyage du musc qu'il venait choisir et acheter au Népal. Son récit, extraordinaire et tout empreint de merveilleux, remontait jusqu'à l'Antiquité, conduisait des plus hautes forêts de l'Himalaya à la peau des femmes les plus sophistiquées du globe en passant par les laboratoires des plus grands parfumeurs et un réseau obscur d'intermédiaires mystérieux. Rêveur impénitent, il ne m'en fallut pas davantage pour me lancer à la poursuite du *Moschus moschiferus*, le cerf musqué, cet étrange petit animal himalayen, chevrotin aux oreilles de lapin et aux canines en dent de sabre, dont la glande aux rares propriétés excite autant de convoitises. Où me conduirait cette nouvelle quête ? Qu'importe ! J'aime à ne pas savoir.

Elle m'entraîna dans ces vallées qui, entre les derniers villages de la forêt et le Grand Himalaya, remontent au plus profond des montagnes. Pour elle, j'ai quitté les routes, les sentiers des hommes et remonté à pied, sac au dos, systématiquement, toutes les vallées du pays Gurung. Il va sans dire qu'au cours de ce périple, l'objet de ma quête, le *kastouri*, comme l'appellent les Népalais, bien souvent, je l'ai oublié. Qu'importe ! J'aime à me perdre. J'avais pénétré un autre univers.

Aux noms évocateurs qui m'avaient porté vers eux, succédait une oriflamme : El-Alamein, Tobrouk, Monte Cassino, Palestine, Rimini, Rome, Paris, Falkland… Grandes batailles, dates historiques, fureur des hommes… Au pied de ces paisibles montagnes, une nouvelle histoire, tout aussi surprenante, s'écrivait devant moi. Avec un mélange touchant de naïveté, de modestie et de noblesse, les Gurung m'ont montré leurs blessures, racontant les trous d'obus dans lesquels ils se terraient lors des bombardements, décrivant les camps de prisonniers, le vin qu'ils buvaient à l'aube des combats, les femmes d'une nuit et les camarades qui ne sont pas rentrés au village… Eux, les braves, dont les pères étaient déjà morts dans nos tranchées de Verdun, eux qui m'avaient offert l'hospitalité de leurs maisons aux murs de terre et aux toits d'ardoise, ont envoyé leurs femmes dans quelque recoin obscur de leurs maisons chercher cette petite boîte à biscuits en fer blanc où dormaient, précieusement rangées, leurs médailles de la Seconde Guerre mondiale ! Alors, sous mes yeux incrédules, ont défilé les petites pièces de métal aux rubans fanés…

Ce sont eux qui formaient l'essentiel des troupes Gurkhas employées par l'Inde et l'Angleterre. Ces combattants de 1940 dont les fils sont casques bleus en ex-Yougoslavie, ces mercenaires qui constituent l'une des armées les plus efficaces et les plus craintes au monde, je les ai suivis dans la forêt, attentif à ne pas faire de bruit, à ne pas me laisser distancer, à ne pas les ralentir, apprenant avec eux à lire l'histoire des jours, des heures qui ont précédé : les traces d'un léopard, le passage d'un *kastouri*, celui d'un ours…

Au retour de leurs guerres, aussi barbares qu'elles aient été, ces farouches combattants se sont paisiblement réinstallés au village, achetant quelques buffles avec leur pécule, agrandissant peut-être leur maison, sachant qu'une pension leur serait versée chaque hiver. Là-bas, ils avaient continué à prier les mêmes dieux animistes, bouddhistes, hindous. Ils ont retrouvé leur pagne, parfois ceinturé d'une boucle de l'armée. Si leur chemise, coupée par le tailleur du village, a gardé les deux poches sur la poitrine, ils marchent encore pieds nus… Ce peuple Gurung du piémont himalayen, que leur grande cape de laine feutrée de la couleur du tabac qu'ils fument, et des feuilles mortes qu'ils foulent, fait ressembler à de grands papillons de nuit.

Cette quête, qui m'a mené de Jean-Paul Guerlain aux chasseurs de miel, en passant par les Gurkhas, Londres, le retour au pays Gurung et les chasseurs de musc, est de celles qui, toujours, auront guidé mes pas à travers l'Himalaya. Parce que ces rencontres, comme toutes celles qu'il m'a été donné de faire, jamais je ne les ai provoquées ou cherchées. C'est en me laissant porter, ouvert à tous les possibles, en me laissant détourner de mes chemins initiaux, que j'ai pu les vivre. L'errance est le meilleur des guides, le temps, le meilleur des alliés. C'est également ainsi, après presque deux années vagabondes, que je trouvai Mani Lal, cet homme qui, à l'aube du troisième millénaire, au cœur de la forêt himalayenne, perpétue une pratique vieille de douze mille ans !

Et puis un jour, je voulus remonter à l'origine du troc dont j'avais été plusieurs fois témoin dans les villages des hautes vallées. D'où venaient le sel, les yaks, qui étaient ces hommes au profil mongol qui ne craignaient pas, pour cet échange séculaire, de braver les montagnes ? Pour la première fois, j'entendais parler du Dolpo et de ses habitants, les Dolpo-pa. Je me souviens qu'enfant, je me rêvais déjà, parti chercher de l'eau, du bois ou simplement me promenant dans la forêt ou la montagne, franchissant une invisible frontière, accéder à une dimension inconnue, découvrir un univers perdu. Jamais alors je n'aurais imaginé que cet ailleurs, oublié quelque part à l'écart du monde, existât vraiment. Il était là pourtant. À l'abri de ses profondes forêts et de ses hautes montagnes, l'Himalaya me révélait le plus intime de ses secrets : le béyul, un des « pays cachés » de la légende, resté inconnu des Occidentaux jusqu'au milieu des années 1950.

J'y allai avec Lakpa Gyalzen Sherpa que je venais de rencontrer et qui devint, dès lors, mon indissociable compagnon himalayen. Je n'avais aucune idée de ce qui m'attendait. Distrait, ou plutôt nerveux à la perspective de ce voyage en terre inconnue, j'avais même oublié à Katmandou la photocopie de la carte amé-

ricaine que j'avais obtenue avec bien des difficultés tout comme la permission d'accès à cette région interdite, impossible à obtenir à cette époque.

Le chemin qui y mène, celui des gorges de la rivière Tarap est une initiation, un passage d'un monde à l'autre. L'été, il a quelque chose de magique. Ses genévriers torturés sortant des fissures, les lambeaux de nuages qui s'accrochent aux falaises avec, à leur pied, ce torrent à l'haleine glacée, écumant de fureur, qu'il faut traverser maintes fois sur de fragiles ponts de bois, lui donnent des allures d'estampes japonaises. Le sentier, parfois arraché par une crue ou par une avalanche, tortueux, et si étroit que seuls les hommes, les moutons et les chèvres peuvent l'emprunter. Taillé, sculpté à même le roc, il s'insinue irrémédiablement au plus profond des montagnes. Après trois jours de marche, souvent solitaire, au fond des gorges, tout change : le climat, les paysages, la langue, le mode de vie, les dieux et même la couleur du ciel. Le bleu laiteux et doux des collines et des plaines a lentement fait place au bleu sombre du ciel himalayen. La luxuriance du Rong, le pays des vallées, boisé et fertile, a cédé la place au Dolpo, le pays caché, contrée des hautes montagnes arides, balayées par le vent.

Au sommet des cols, les montagnes scintillent, couvertes de neige glacée. L'altitude, l'immensité du paysage lunaire, l'indigo du ciel, les nuages floconneux qui jouent avec la lumière le long des escarpements mauves et ocre qui s'étirent vers les cimes enneigées, tout ici parle d'une autre nature, d'une nature d'avant l'histoire, aux reliefs d'éternité. Splendeur, démesure, désolation. Dans le silence, comme un bourdonnement sourd s'élève des entrailles de cet univers minéral. Soudainement, dans le creux d'une pente, au détour de la sente qui nous guide, tout contre le gris des cailloux, les flaques vert tendre des minuscules champs d'orge dont les récoltes ne suffisent pas à nourrir ceux qui les sèment. Quelques villages aux maisons de pierre et des hommes qui, semble-t-il, ont échappé au temps.

À cause d'une terre trop avare malgré l'acharnement du soc ou de la houe, deux fois par an, les Dolpo-pa quittent leurs villages et, avec leurs yaks, partent vers le Chang-tang. Au nord, au Tibet, ils chargent leurs bêtes avec le sel des grands lacs, sel qui, au terme d'un second voyage de plusieurs semaines vers le sud, sera, cette fois, échangé contre les céréales des vallées fertiles du Népal.

De ce troc séculaire, j'ai voulu être le témoin.

C'était au tout début de novembre. Les ruisseaux, comme les fléaux des derniers battages, s'étaient tus. Un vent du sud rageur affolait les drapeaux à prières. La silhouette des hommes s'était brusquement épaissie de lourdes houppelandes. Les torrents glacés se déroulaient en longs rubans d'argent. La veille, Tinlé, le chef du village, avait lâché ses chiens sur un couple de grands loups blancs attirés par les chèvres. Le ciel s'était couvert, parfois encore assombri par le passage d'un aigle, et les premières neiges blanchissaient le sommet des crêtes.

Deux jours avant le grand départ, les lamas avaient présenté les offrandes aux dieux et distribué les amulettes pour protéger la caravane des avalanches et des mauvais esprits. La seconde étape du voyage du sel, celle qui nous ferait franchir les plus hauts cols de la planète, nous conduisant des hauts plateaux vers les vallées, allait commencer.

À grands mouvements de fronde, déjà, les plus jeunes ont rassemblé les yaks tandis que d'autres s'affairent autour des bâts, des sacs de sel, des cordes et des monceaux de couvertures. Cinq mois d'absence. Dans les villages désertés ne resteront que les plus riches, les plus vieux, les plus faibles. Si le fourrage est suffisant, ils garderont la *dri*, femelle du yak, pour le lait. On laissera les braises se consumer dans l'âtre car ici, tuer le feu est un mauvais présage. Une vieille femme, en un ultime adieu, appose une noix de beurre sur la tête de son fils caravanier pour que le chemin lui soit favorable. Au matin on est parti. Sans exubérance mais dans un joyeux exode. À chaque croisée des chemins, les gens de Saldang, ceux de Komas, de Korang, de Tiling et aussi ceux de Phijer viennent grossir la caravane qui comptera plus de huit cents yaks, au poil brillant et lustré, noir sombre, doré ou, plus rarement, blanc ou gris. Les hommes derrière, la fronde vigilante, les chèvres bâtées, les chiens noirs à la toison épaisse et les enfants graves. Une vieille femme est posée sur un yak et de jeunes enfants sur des poneys. Les femmes se sont enduit les pommettes d'une décoction de racines pour se protéger du soleil.

Une incroyable randonnée de trois à quatre semaines, cent soixante kilomètres entre quatre et cinq mille cinq cents mètres d'altitude, commence alors sur le toit du monde. Dans des paysages démesurés, l'homme, subitement si fragile, se meut dans l'univers des dieux.

En marchant, les yak-pa, leurs quenouilles virevoltant comme des toupies, filent la laine de leurs yaks et de leurs moutons. On glisse sur les rivières gelées. L'oxygène, rare, impose un silence entrecoupé par le tintement des cloches, le claquement des frondes, un cri, un sifflement strident ou le souffle puissant des bêtes, et les jours s'égrènent comme les cent huit boules des chapelets que chacun porte sur soi. Au soleil torride des après-midi succèdent les nuits glaciales qui givrent la fourrure des molosses roulés en boule. Premiers matins du monde où personne ne se risque hors de sa couche avant les timides lueurs du jour. Cérémonies du thé, du feu brusquement jailli du silex et du patin d'acier sur l'étoupe, embrasant la bouse sèche, fondant la glace, réinventant la vie au fond des yeux arrachés au sommeil. Soirées magiques, les nuits de pleine lune, quand le ciel est cristallin, la solitude extrême. Et le froid perçant. Près du foyer, dans l'odeur âcre du feu, une pomme de terre à la main, j'explique en tournant autour des flammes comment le jour succède à la nuit et l'été à l'hiver. Eux m'apprennent que le centre de l'univers n'est autre que Kang Rimpoché[1], au Tibet tout proche, et me racontent la légende de Mahaba, Orion, l'étoile en colère qui, chaque nuit, poursuit les Pléiades pour leur reprendre sa femme volée.

Tous les trois jours, la caravane s'immobilise une journée entière pour reposer les bêtes. On chante et joue du luth. Tinlé prépare la *toukpa*, soupe à base de viande, de farine d'orge et de fromage séché dans laquelle on jette quelques navets. Lundrup répare un cordage. Gyalzen, le plus jeune, pétrit des galettes. Avant de servir le thé salé, toujours, les hommes entament une longue mélopée, aspergeant le ciel de gouttelettes : la part des dieux. Les femmes s'enduisent les cheveux de beurre et les tressent en les mêlant à des poils de yaks. Le matin, jamais la caravane ne s'ébranle avant dix heures. Le temps de rassembler les bêtes et de charger les sacs.

Fin novembre, nous franchissons le troisième et dernier col, Kagmara, « le col où meurent les choucas ». « *Sooo, soo, La guialo !* », les dieux sont vainqueurs. Hommes, femmes et enfants ajoutent joyeusement une pierre au *laptsé*, ces cairns hérissés de

[1] Mont Kailash.

cornes et de *loungta*, les drapeaux à prières, qui marquent les cols. C'est la fin du voyage. Le pays du grain n'est plus bien loin. Bientôt, nous arriverons chez les Rong-pa, originaires de l'Inde, aux traits plus fins, à la peau plus sombre que celle des Dolpo-pa. Là, encore une fois, aux confins de l'Inde et du Tibet, aura lieu l'échange de la vie, l'échange du sel et du grain, la rencontre de deux civilisations.

Le blanc et l'ocre des montagnes ont cédé la place aux verts des forêts. Après plusieurs mois passés dans l'univers minéral du Nord Dolpo, j'ai oublié la richesse de Rong. Les odeurs de terre fertile et d'aiguilles de pin m'enivrent. Le chant des oiseaux, le bourdonnement affairé des insectes, le bruissement du vent dans les branches me grisent. Quel plaisir de goûter le suc d'un brin d'herbe frais, de fouler un sol meuble, un tapis de feuilles mortes et de mousses. Là-haut, les parfums se résument à l'odeur âcre des feux de bouses de yaks et ceux, lourds, du suint, de la sueur et du beurre rance. Là-haut, mes semelles résonnent sur une terre aride, buttent contre le roc. Là-haut, le vent siffle, incisif et glacé, et pourtant, déjà, je sais que je vais revenir.

Je ne cesserai de revenir.

L'Himalaya. Souvent l'ai-je traversé, poussé par je ne sais quel rêve de découverte, d'aventure, de liberté. Cet Himalaya dans lequel, au fil de mes pérégrinations et de mes rencontres, j'ai fini par me fondre. Gurung, Tharu, Raji, Dolpo-pa et combien d'autres encore... Fasciné par leurs traditions, leur culture, j'ai vécu, en compagnie de Lakpa, avec eux, je les ai suivis, écoutés, faisant d'eux mes maîtres, m'appliquant à être ce que, sur les tables d'école, je n'avais jamais réussi à devenir : un bon élève, attentif, respectueux, patient et humble, animé du seul et fervent désir de comprendre... Et ce qu'ils m'ont appris, c'est que cet univers, cette gigantesque barrière que j'avais longtemps crue vaste muraille hostile, infranchissable, se révélait, au contraire, et depuis l'aube des temps, être un lieu de passage, un formidable trait d'union entre deux civilisations, deux religions, deux mondes. Entre Inde et Tibet, les hommes qui l'habitent, faisant fi des obstacles géographiques, bravant le froid, la mort, en dépit des différences culturelles, linguistiques et religieuses, parfois même politiques, continuent, comme ils l'ont toujours fait, de la franchir pour s'entraider, échanger, survivre.

L'Himalaya, dans la démesure de son relief, la rudesse de son climat, abrite des peuples dont la vie se construit jour après jour, heure après heure, dans une épopée muette, inlassable, silencieuse, faite de respect, d'ouverture et de tolérance.

Et moi, le jeune voyageur aveugle, au départ simplement attiré par nos innombrables différences, j'ai appris là-bas l'extraordinaire étendue de nos similitudes. N'est-ce pas les mêmes choses qui, toujours, partout, nous font rire et pleurer ?

E. V.

Aux montagnes,
aux dieux,
à l'homme,
cette étrange créature...

DES AMMONITES SUR LES SOMMETS HIMALAYENS

Depuis plusieurs heures, vous remontez le lit pierreux de la Kali Gandaki vers le nord et vous vous étonnez de ne pas avoir encore été emporté par le vent, quand il tombe d'un seul coup : vous vous êtes engagé dans une vallée adjacente en direction de Muktinath, le fameux lieu de pèlerinage népalais. Vous voulez reprendre souffle et vous vous adossez à un muret de pierres sèches, qui clôture la cour d'une maison. Vous regardez fixement droit devant vous, l'esprit encore enivré de vent. Et vous voyez là, dans la poussière, parmi les cailloux, une pierre plus noire que les autres. En la ramassant, vous retournez sa face ronde et lisse et vous découvrez l'inscription d'un mollusque marin, avec sa coquille enroulée sur elle-même, si finement striée que vous songez d'abord à l'œuvre d'un homme, oubliée là. L'ammonite, en épousant si bien le creux de votre main, réussit en un instant fulgurant à faire se télescoper les échelles du temps, le temps géologique de la formation de l'Himalaya et celui, biographique, de votre présence sur ses sommets.

L'INDE ET L'ASIE

Il y a 250 millions d'années sur notre planète, un seul continent, la Pangée, émergeait des mers. Cette masse se divisa alors en deux, la Laurasie au nord et le Gondwana au sud, la mer Téthys les séparant de près de 6 000 kilomètres. Entre -120 et -80 millions d'années, l'Inde se détacha du continent qu'elle formait avec l'Afrique, l'Australie et l'Antarctique. Elle dériva seule vers le nord-nord-est, pour finalement rejoindre la Laurasie. La réunion se fit il y a environ 50 millions d'années et entraîna la disparition de la Téthys. La Méditerranée en est l'ultime bassin. Mais les eaux avaient laissé des sédiments qui furent transformés, comprimés et échauffés par la gigantesque collision entre les deux blocs à l'origine des premiers reliefs himalayens. Le fond de l'océan se retrouva propulsé au sommet des montagnes. C'est ainsi qu'au détour d'un chemin caillouteux, le marcheur bute sans y prêter attention sur un de ces fossiles plus de deux cents fois millénaires. Ou bien, intrigué de voir l'eau de la rivière s'assombrir par endroits, il se baisse et découvre un trésor d'ammonites noires et brillantes.

Les géologues appellent zone de « suture » la ligne de rencontre entre l'Inde et l'Asie. Les hauts cours de l'Indus et du Tsangpo en révèlent le tracé. Prenant chacun sa source au cœur de la chaîne transhimalayenne du Kailash, au Tibet, les deux immenses fleuves longent ce qu'on appelle la Grande Chaîne puis la contournent, l'Indus par l'ouest traversant le Cachemire et le Pakistan, et le Tsangpo par l'est. Ce dernier dessine une boucle autour des hautes montagnes de la région de Pemakö avant de descendre dans les plaines de l'Assam, où il change de nom et devient le Brahmapoutre.

La plaque lithosphérique de l'Inde continue de s'enfoncer sous le continent asiatique. Même si le mouvement se ralentit et passe de 15 centimètres par an avant la collision à 5 centimètres après, la pression demeure énorme et la croûte continentale se fragmente. Au sud, du côté indien, les soulèvements engendrent des écailles qui se chevauchent en glissant les unes sur les autres sur près de 100 kilomètres. Dans cette zone, la croûte terrestre s'épaissit considérablement. Elle constitue le soubassement des hauts sommets de la Grande Chaîne, la Nanda Devi, le Manaslu, le Makalu, l'Everest, profondément enracinés sous terre, à plus de 60 kilomètres. Mais en même temps qu'elles

Nord du Dolpo, 1992, villages le long de la rivière Panzang.

se créent, les montagnes s'érodent. Les molasses s'accumulent en contrebas pour constituer d'immenses piémonts caillouteux et marécageux.

Au cours des dix derniers millions d'années, cette zone charnière s'est à son tour soulevée sous la poussée continue du continent indien vers le nord. Elle se plisse, se fracture et fait surgir de la plaine de nouveaux chaînons au sud du Grand Himalaya : d'abord les crêtes du Mahabharata puis les collines des Siwalik, tels qu'on peut les contempler aujourd'hui.

Si les deux principaux fleuves asiatiques, l'Indus et le Tsangpo, parviennent à rejoindre la plaine indo-gangétique à travers ce jeune relief, d'autres fleuves puissants réussissent ce tour de force en y creusant des gorges profondes. La Kali Gandaki fraye son chemin entre les massifs du Dhaulagiri et les Annapurna, l'Arun prend sa source au Tibet et passe à l'ouest de l'Everest, la Tista à l'est du Kangchenjunga. Mais les rivières plus modestes restent prisonnières des montagnes. Elles s'épanchent alors dans des dépressions comme la vallée de Katmandou ou le bassin du Cachemire qui, il y a 3 millions d'années, enfermaient encore de grands lacs.

QUAND LA TERRE TREMBLERA

Cet immense ouvrage commencé il y a 50 millions d'années est loin d'être achevé. La région himalayenne continue de se soulever à raison de 1 à 10 millimètres par an en moyenne, en même temps qu'elle s'élargit vers le sud. La poussée de l'Inde vers le Tibet a encore ralenti, au rythme de 2 centimètres par an, mais elle provoque néanmoins de fortes vibrations ressenties très loin des épicentres.

Le 15 janvier 1934 en début d'après-midi, à 14 h 13 exactement, le grand tremblement de terre du Bihar dans le nord de l'Inde ne dura que 5 minutes. Mais « il fallut encore quinze minutes avant que les lanternes suspendues cessent de se balancer à Calcutta. Il fallut plusieurs jours pour que la poussière soulevée par les glissements de terrain retombe au Népal. Il fallut au Bihar plusieurs semaines pour balayer les champs et les villages engloutis sous le sable propulsé du sol, remettre en service routes et voies ferrées et de nombreuses années pour reconstruire les dizaines de milliers de bâtiments détruits… ».

Ce séisme raconté par Roger Bilham à partir de documents datant de l'époque coloniale est le plus récent des trois grands tremblements de terre qui ont ébranlé l'Himalaya au cours du siècle dernier. Les deux autres d'une intensité similaire, à savoir d'une magnitude d'au moins 8 sur l'échelle de Richter, furent ceux de Kangra en 1905 et de l'Assam en 1897. Le séisme du Bihar affecta terriblement la vallée de Katmandou, où un dixième de la population trouva la mort, de nombreux temples et palais disparaissant à jamais dans les anciennes villes royales de Bhaktapour et de Patan, tout comme Patna, elle aussi très endommagée.

Les informations sur ces catastrophes historiques sont cruciales pour tenter de prédire avec plus de précisions les futurs séismes. Les spécialistes ont établi que seuls les grands tremblements de terre, c'est-à-dire ceux d'une magnitude supérieure à 8, permettaient aux plaques tectoniques de glisser l'une sur l'autre. En 1934, les basses montagnes de l'est et du sud-est du Népal ont été soulevées de plus de 5 mètres au-dessus des plaines indiennes. Sachant que le continent indien avance de 2 centi-

La formation de l'Himalaya : il y a 60 millions d'années, un océan occupait l'emplacement du futur Himalaya.

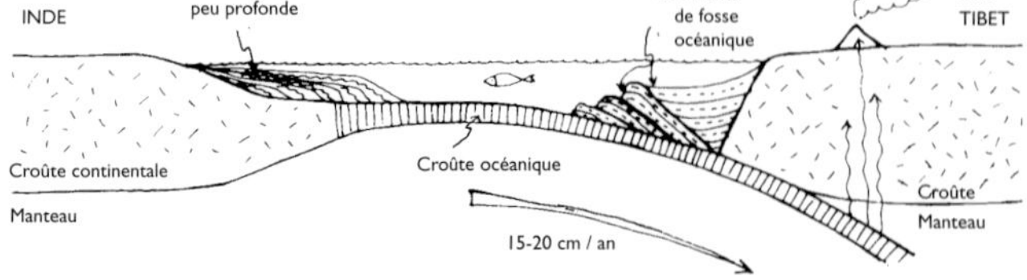

mètres par an, on peut calculer l'« écart sismique », c'est-à-dire mesurer la profondeur du chevauchement nécessaire pour relâcher la tension accumulée depuis le dernier grand séisme. Si le tremblement de terre du Bihar se reproduisait de nos jours, l'écart ne serait que de 1,3 mètre et sa force ne dépasserait pas une amplitude de 7 sur l'échelle de Richter, laissant espérer des dégâts limités.

Pour autant certaines portions de l'arc himalayen n'ont pas connu de grand séisme depuis longtemps et apparaissent particulièrement menacées. La région qui s'étend à l'ouest de Katmandou jusqu'à Dehradun est dans ce cas. De grands tremblements de terre ont été répertoriés dans cette région en 1803 et 1833 mais les documents de l'administration britannique ne mentionnent pas la nécessité de réparations majeures à la suite de ces catastrophes, ce qu'ils auraient sans doute fait si les séismes avaient été de l'ampleur de celui du Bihar. C'est l'étendue de la région, où le glissement d'une plaque tectonique sur l'autre n'a pas pu, selon l'hypothèse, se produire depuis longtemps, qui inquiète les sismologues, car la violence du séisme augmente encore avec la longueur de la zone de rupture. Les prévisions d'un tel désastre sont apocalyptiques.

Quoi qu'il en soit de ces conjectures, il semble bien que les grands séismes soient une nécessité inhérente à la formation de l'Himalaya. Malheureusement les pays pourtant situés dans les zones les plus menacées au sud de la chaîne n'y sont pas préparés. L'urbanisation se développe de façon anarchique, sans respecter les directives des ingénieurs. Les méthodes de construction se font au moindre coût, avec des briques de mauvaise qualité et des structures en ciment armé instables. Dans la vallée de Katmandou, où se concentrent à présent plus d'un million d'habitants, combien de maisons s'élèvent sur plus de trois étages, le dernier escalier inachevé faute de moyens montant seul vers le ciel comme l'espoir du propriétaire, apprenti spéculateur. Les réseaux électrique et hydraulique se complexifient au gré des initiatives individuelles, laissant craindre des incendies inextinguibles et des épidémies dans le cas d'une destruction importante.

On peut même s'étonner de certains projets de développement hydroélectrique qui s'élaborent, semble-t-il, sans prendre en compte l'extrême instabilité du terrain. L'immense barrage de la Karnali en est un exemple. Long de plus de 850 mètres, il est amené à contrôler le tiers du réseau hydrographique népalais dans l'ouest du pays. Outre les secousses auxquelles la construction devra résister, il semble que le poids de l'eau accumulée déstabilise le terrain, multipliant les risques de rupture et de débordement. Or l'inondation qui en résulterait atteindrait les régions en contrebas, dans le piémont et la vallée du Gange, où tout naturellement se concentre la population. À plusieurs reprises, la nature a pourtant montré aux hommes ce que pouvait provoquer l'éventration d'un barrage. En 1970, de gigantesques coulées de débris arrachés à la montagne bloquèrent la rivière Alkananda, un affluent du Gange, créant un barrage naturel de 60 mètres de haut. Quand celui-ci céda, la masse d'eau ravagea tout sur son passage jusqu'aux plaines de l'Uttar Pradesh.

L'attitude irresponsable de l'homme moderne, confiant dans sa technique toute-puissante et peu enclin à s'instruire du passé, contraste fortement avec le comportement des paysans himalayens. Les montagnards ont su s'adapter à leur milieu fragile agressé chaque année par le climat de mousson. Sans la masse d'air humide provenant du golfe du Bengale, l'Himalaya serait certainement un désert.

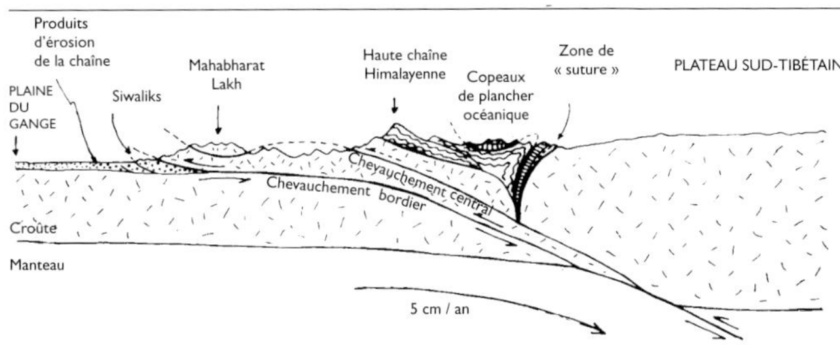

Aujourd'hui, l'Himalaya correspond à la superposition de plusieurs échelles de croûtes. L'activité sismique est surtout concentrée sur le front des Siwalik, là où les reliefs himalayens empiètent sur le piémont gangétique..

Les steppes de l'Asie centrale ne sont pas loin. Et les agriculteurs, dans la chaleur et la poussière du mois de mai, commencent à scruter le ciel dans l'attente des gros nuages noirs qui sauveront leurs récoltes. Les citadins en suivent l'itinéraire commenté jour après jour dans les rubriques météorologiques de la presse nationale. Quand enfin, la masse d'air rencontre les montagnes, les pluies diluviennes ravinent les pentes abruptes, les rivières en crue menacent d'inonder les champs cultivés sur leurs rives, et les glissements de terrain engloutissent parfois des villages entiers. Rendons-nous à l'évidence, dans de telles conditions, les paysans himalayens ont développé une connaissance intime de leur milieu dont ils savent prendre soin sans cesser pour autant de l'exploiter.

« PUIS ON N'ENTENDIT PLUS RIEN »

Dans les mythes où les malheurs n'arrivent jamais sans raison, ces catastrophes naturelles sont parfois la réponse divine au comportement répréhensible des humains. Il en va ainsi de ces villageois qui vivaient jadis dans l'abondance et la prospérité. Ne se souciant pas du lendemain, ils gardaient tout pour eux, leurs sœurs et leurs richesses. Un jour, le dieu Bhagwan déguisé en ascète lépreux vint mendier auprès d'eux. Mais ces hommes et ces femmes incapables de s'ouvrir à autrui lui refusèrent le gîte et l'aumône. Seul un vieux couple pauvre et sans enfant l'accueillit. Le dieu compatissant pria ses hôtes de grimper sur la crête qui dominait le village incestueux :

« Il siffla une fois
La rivière déborda, le terrain s'effondra
Toute une semaine, pendant quinze jours entiers
Au village de Hataban, on entendait encore
Le coq chanter, les chiens aboyer,
La meule moudre, le pilon à riz marteler,
Dans le village criminel,
Le coq chantait, les chiens aboyaient.
Puis on n'entendit plus rien. »

A. S

L'HIMALAYA, TERRE DE REFUGE

Le scénario de la formation de l'Himalaya, qui s'est déroulé par à-coups brutaux comme un drame cosmogonique éclatant, a laissé peu de place à l'imagination pour se représenter les vallées aux formes douces et accueillantes qui se cachent derrière ces montagnes. Et d'ailleurs, aucun peuplement humain n'y est attesté avant le troisième millénaire. Il semble que les premiers hommes ont plus naturellement vécu dans les basses terres. Plusieurs foyers d'habitation dans les vallées Dun et au pied des Siwalik, dans le Téraï népalais, remonteraient au paléolithique inférieur, période située dans la région entre 650 000 et 350 000 ans avant J.-C.

Les fouilles révèlent que, dès la préhistoire, deux grandes traditions techniques se sont rencontrées dans cette région : l'une à bifaces, d'origine indienne, que l'on ne retrouve pas au-delà d'une ligne reliant le delta du Gange à la mer Caspienne ; l'autre, dite à *choppers* ou galets aménagés, caractéristique de la Chine et du sud-est asiatique. Ainsi, très tôt, comme en écho à la rencontre géologique qui fut à son origine, le monde himalayen émergea du croisement des deux grandes cultures indienne et asiatique qui font son originalité.

LES INCURSIONS TIBÉTO-BIRMANES

Mais revenons aux vallées accueillantes. Elles attirent de nombreuses populations d'origines diverses qui vont s'y rencontrer, s'y combattre, mais aussi conclure des relations d'alliance, chacune préservant une certaine idée d'elle-même et son originalité propre. Commençons par le nord, quand Manjusri, le divin héros de la sagesse bouddhique qui règne alors sur la Chine, flanqué de son glaive, s'apprête à faire de la future vallée de Katmandou encore occupée par un immense lac, un sanctuaire accessible aux hommes. Avec son arme, il taille une brèche dans le cercle des montagnes qui couronnent le site. Les eaux piégées par la surrection des montagnes peuvent enfin s'écouler vers le Gange et la vallée ainsi drainée attire les premiers colons.

On sait peu de choses à leur sujet, mais des groupes aux langues tibéto-birmanes pénétrèrent peu à peu le dédale himalayen de crêtes et de vallées par le nord et par l'est. Brian Houghton Hodgson, fonctionnaire britannique en résidence à Katmandou en 1820, s'était passionné pour l'étude des aborigènes de l'Himalaya. Il s'avéra aussi être un grand savant. Il étudia le pays pendant vingt-cinq ans sous tous les angles possibles, géographique, zoologique, religieux – il collecta les premiers manuscrits bouddhistes sanskrits –, linguistique et ethnologique. Il était persuadé que l'infiltration humaine de la chaîne montagneuse avait commencé « avant que les Tibétains n'aient adopté de l'Inde la religion et la littérature bouddhistes, aux VIIe et VIIIe siècles de notre ère ».

On peut aisément imaginer que ces groupes nomadisant sur le plateau tibétain peuvent voir une promesse d'eau, de neige fondue, en contrebas des crêtes blanches qui bordent, au sud, leurs steppes arides. C'est un peu d'ailleurs ce que reflète l'origine de nombreux clans telle qu'elle est contée encore de nos jours parmi ces populations. Des chasseurs se laissent entraîner dans une contrée inconnue à la poursuite du gibier. Le hasard veut que des graines d'orge accrochées à leurs vêtements ou à leurs carquois tombent dans la terre foulée par leurs pas. Quand ils reviennent le lendemain sur les lieux de leur chasse, de beaux épis mûrs ont poussé. La vallée enchantée

Nord du Dolpo, 4 500 mètres d'altitude, novembre 1984. Sur la route du grain, une grand-mère protège sa petite-fille des premiers flocons de neige.

Chevalier Khas.
Bas-relief sur
un pilier au temple
de Padukasthan.

abrite alors leur nouveau campement où ils s'installent avec leurs familles. Si ces récits sont les échos d'un lointain passé, les populations himalayennes se seraient constituées autour de ces premiers noyaux de migrants, puis elles se seraient élargies à la faveur de migrations ultérieures.

Plus on avance dans l'histoire et plus celle du Tibet se précise. On observe ainsi que les contrecoups des invasions et des guerres civiles qui ébranlent le pays ont des répercussions sur le peuplement de l'Himalaya. L'exemple le plus clair est fourni par les Sherpa. Des documents situent leur origine, que leur nom rappelle – *sherpa* signifiant « gens de l'est » –, dans le Kham, à l'est du Tibet. La menace que leurs redoutables voisins du nord, les Mongols, font peser sur cette province engage les Sherpa à quitter leur territoire natal pour se diriger d'abord vers le Tibet central puis de là, vers le sud, inquiets des visées musulmanes sur Lhassa. Ils traversent la Grande Chaîne aux alentours de 1533. Ils s'installent enfin à près de 2 000 kilomètres de leur terre d'origine, à Solu Khumbu, où la fortune que l'on sait les attendait. Eux-mêmes excellents grimpeurs, habitués à vivre en altitude, ils deviennent les indispensables auxiliaires des expéditions internationales dans la région.

Les mouvements migratoires plus anciens ne sont pas toujours aussi bien connus, mais l'histoire de ces migrations commande encore la façon dont les groupes s'organisent au sein de la société. Les ancêtres fondateurs, les découvreurs du site, jouissent toujours d'un statut supérieur accompagné de privilèges politiques et religieux, par rapport à celui des immigrants plus récents.

Les vallées encloses dans les montagnes, refuge pour les persécutés, l'imagination tibétaine se les représente comme des « pays cachés », les *béyul*. Padmasambhava, le saint patron du bouddhisme au Tibet, les a rendus invisibles, chacun ne s'ouvrant miraculeusement qu'au moment d'une crise particulière, quand les croyants en danger ont besoin d'une retraite. Des guides localisent avec suffisamment de précisions ces pays cachés pour que six d'entre eux aient été récemment explorés, un au Bhoutan, un au Sikkim et quatre au Népal.

On attribue au Maître la prophétie suivante : « Quand le bonheur des gens touchera à sa fin et que l'heure des invasions par les pays voisins aura sonné pour le Tibet, les Tibétains devront s'échapper vers un pays caché, en direction du sud, à la frontière du territoire Mon[1]. Les Tibétains devront alors renoncer à leur terre natale, leurs champs, leurs richesses, leurs serviteurs, à toute chose, comme l'on fait d'une pierre qui s'est cassée en morceaux.[2] » Quand plus tard, en 1959, le dalaï-lama fut contraint de quitter le Tibet, des milliers de Tibétains partirent à la recherche du pays caché le plus célèbre, Pemakö, dans la boucle du Tsangpo. Mais les difficultés du voyage à travers les forêts denses de la région réorientèrent leur exode vers le Népal et l'Inde.

Prince rajput,
XVIe-XVIIe siècle.

PREMIÈRE VAGUE DE MIGRATIONS INDO-ARYENNES : LES KHAS

L'Himalaya joue le même rôle de refuge pour les populations indiennes. Cependant, la situation est bien différente au sud de la chaîne, où l'Inde est omniprésente depuis l'aube des temps. Des groupes aux langues indo-aryennes, probablement originaires d'Asie centrale et regroupés sous le nom de Khas, ont très tôt pénétré la chaîne par le nord-ouest. Ils seraient présents dans l'ouest du Népal dès le premier millénaire et auraient poursuivi leur mouvement migratoire vers l'est en suivant les montagnes jusqu'au Bhoutan.

Les Khas sont les premiers hindous de l'Himalaya, les ancêtres des Indo-Népalais qui ont très tôt constitué la majorité de la population du pays. On leur attribue des valeurs guerrières, que des bardes de caste intouchable savent louer à l'envi dans de longues épopées et dont témoignent aussi les bas-reliefs sur les piliers en pierre au bord des chemins ou à l'emplacement de sanctuaires : des héros, le glaive brandi et protégés par un bouclier rond, partent à l'attaque sur leurs chevaux caparaçonnés à la façon de nos chevaliers du Moyen Âge. C'est l'époque Malla, leur grand moment de gloire qui dura près de trois siècles. L'empire – on appelle le roi, le roi des rois – est fondé au début du XIIe et s'effondre à la fin du XIVe siècle, de façon si brusque que l'on a songé à une catastrophe naturelle, un terrible tremblement de terre, pour expliquer un retrait si soudain de l'histoire.

L'empire Malla est transhimalayen, il couvre non seulement l'ouest du Népal mais aussi les royaumes de Guge et Purang au Tibet et la province du Kumaon en Inde. À sept reprises, entre 1287 et 1336, des troupes khas menées par les souverains eux-mêmes partirent en expédition contre la vallée de Katmandou, l'autre pôle de l'histoire du pays. Mais ces rois pillards, attirés par l'opulence des villes commerçantes newar, étaient aussi de fervents dévots. Ils rendaient de fastueux hommages aux dieux de la vallée pendant plusieurs jours, avant de mettre à sac les villages alentour et de rentrer chez eux avec leur butin. Cet empire dans les montagnes dont on sait encore trop peu de choses, nourri de l'échange entre les cultures indienne et tibétaine, protecteur de l'hindouisme sans renoncer au bouddhisme, illustre le caractère épique et guerrier de la civilisation himalayenne comme en contrepoint des Newar, qui en présenteraient l'aspect urbain et même un peu précieux.

À la faveur de l'empire Malla, poussant plus à l'est, les Khas auraient progressivement conquis les groupes tibéto-birmans qui les précédaient, les Magar et les Gurung. Ils introduisent déjà le respect de l'écrit et une certaine idéologie, non orthodoxe, de la société des castes. Ce faisant, ils préparent sans le savoir la colonisation hindoue qui va suivre.

DES RÉFUGIÉS DEVENUS CONQUÉRANTS

Les invasions arabes, qui se traduisent par une domination musulmane dans la plaine du Gange dès la fin du XIe siècle, entraînent plusieurs vagues d'immigration des populations hindoues menacées vers l'Himalaya, du Cachemire jusqu'au Bhoutan. Ce mouvement de colonisation s'est poursuivi pendant des siècles même bien après que la menace musulmane fut passée d'actualité. Les réfugiés de la première heure se présentaient comme les défenseurs du Dharma, de la religion hindoue. De nombreux brahmanes s'en vinrent demander asile aux souverains Malla, ainsi que des princes de la caste royale des Rajput.

L'Himalaya ne pouvait pas offrir asile plus approprié à ces fidèles des plaines, à l'image de leurs divinités elles-mêmes qui viennent se retirer sur ses hauteurs à chaque mousson. C'est ainsi qu'à son retour d'un pèlerinage au lac Manasarovar, près du mont Kailash, une femme rajput s'arrêta à Jumla et demanda asile à des brahmanes chez qui elle accoucha d'un fils. Le roi des rois ne tarda pas à percevoir le destin du jeune réfugié, le futur Baliraj. Mais c'est seulement après de nombreuses péripéties et après être devenu le gendre du souverain, que Baliraj occupe lui-même brillamment le trône de Jumla jusqu'en 1404. Ces aventures rocambolesques ne sont peut-être pas si éloignées de la réalité de cette époque féodale où les alliances matrimoniales et les adoptions étaient pratiques courantes dans la vie politique. Il faut aussi imaginer la fuite du roi très hindou du Mithila, l'actuel Bihar, devant le sultan de Delhi. Il se réfugia dans la vallée de Katmandou en 1326, entouré de sa cour, de ses brahmanes orthodoxes et de ses divinités, dont Taleju, qui deviendra la déesse tutélaire des souverains newar.

On voit que ces réfugiés se transforment vite en conquérants. Certains d'entre eux sont des princes qui se déplacent avec leurs prêtres et leurs serviteurs, à la recherche d'un domaine où s'installer et fonder un culte à une divinité hindoue. D'autres plus modestes sont simplement des colons aventuriers qui tentent leur chance dans une nouvelle contrée. Et il est difficile de faire la part entre les véritables origines revendiquées par ces migrants et les fausses généalogies écrites par les panégyristes. Mais tous adhèrent à l'organisation de la société en castes : le roi est au centre d'une constellation hiérarchisée de sujets parmi lesquels les prêtres brahmanes et l'aristocratie militaire kshatriya, les Rajput, jouissent de statuts supérieurs, tandis que les castes d'artisans – forgerons, tailleurs-musiciens et cordonniers – sont reléguées à des statuts inférieurs. Il en découle une série complexe d'interdits alimentaires et sexuels dont l'observance est beaucoup plus rigoureuse qu'au temps de leurs prédécesseurs Khas.

L'effondrement de l'empire Malla dans l'ouest avait laissé la place libre à ces nouveaux conquérants qu'on appela Thakuri, et qui peu à peu fondèrent quelque quatre-vingts principautés toutes organisées sur le modèle des monarchies indiennes. Ces petits royaumes ont fortement marqué toute la région himalayenne et, bien qu'ils n'aient plus d'existence officielle, ils demeurent vivants dans la mémoire des communautés qui les habitent.

A. S

[1] Terme regroupant les voisins méridionaux des Tibétains.
[2] Guide traduit par Giacomella Orofino, *cité in* Allen, 1999.

DES TRIBUS, UNE NATION

Il y a des peuples qui se battent pour leurs terres, pour leurs dieux ou simplement pour défendre leur mode de vie. Ils se jettent dans des guerres acharnées ou recherchent des compromis avec les conquérants plus puissants qu'eux et entrent dans l'histoire. Et puis il y a ceux qui craignent, en y entrant, de disparaître. Ils préfèrent alors maintenir au cœur secret de la forêt leur existence de chasseurs nomades. Pour ma part, je n'en ai jamais rencontré de cette seconde catégorie, ou si brièvement, dans la forêt du Téraï. Ils vivaient de façon si misérable que je les évoquerai seulement en m'aidant de sources ethnographiques. Car ils existent encore, comme le montrent ces photos.

LES TRIBUS DE LA FORÊT

Les deux mouvements migratoires historiquement attestés ont révélé deux sources de peuplement, les Mongoloïdes venus du Tibet et de l'Assam et les Aryens venus, pense-t-on, d'Asie centrale. Il y aurait encore une troisième origine aux populations de l'Himalaya, qui remonterait à une époque antérieure à l'arrivée des Aryens dans l'Inde du Nord et que l'on appelle véddoïde. Cette hypothèse repose sur la présence de ces petites bandes de chasseurs-cueilleurs dans la jungle sub-himalayenne, dont les langues, comme celles aussi de certains groupes tibéto-birmans – les Magar par exemple –, révèlent un substrat munda ou austro-asiatique. Ce sont les Kusunda et les Raute, les Raji parmi lesquels beaucoup sont devenus sédentaires, comme les Chepang et les Hayu.

Les nomades vivent presque exclusivement de la cueillette, de la pêche et de la chasse. Ils troquent le gibier contre des céréales et des objets manufacturés, vêtements ou outils en fer, lors de brèves rencontres avec les agriculteurs. Le miel fait aussi l'objet de transactions avec les villageois. Les Raji sont les seuls à savoir recueillir le précieux nectar lors de périlleuses ascensions dans des arbres gigantesques où se nichent les ruches qu'il faut enfumer, quelquefois à plus de trente mètres de hauteur. Les Raute fabriquent des bols et des coffres en bois qu'ils échangent de la même manière ou qu'ils vendent. Mais ces hommes et ces femmes silencieux réduisent leurs contacts avec les étrangers au minimum strictement nécessaire. Aucun ethnologue n'a pu partager leur vie.

Johan Reinhard me racontait à Katmandou, lors d'une de ses visites, ses tentatives pour travailler parmi eux à la fin des années 1960. Il en avait rencontré une bande, dont le chef était prêt à vendre de ces ustensiles en bois qu'ils fabriquent à temps perdu. Johan avait acheté quelques bols une première fois, heureux du succès de ce premier contact et plein d'espoir dans une coopération à venir. Quand il retourna à leur campement, il y reçut le même accueil poli et réservé, puis fut invité à quitter les lieux après s'être doté de nouveaux ustensiles. Le manège se reproduisit à l'identique un grand nombre de fois. Le jeune ethnologue persévérant était en train d'épuiser sa maigre bourse d'étude à l'achat de ces récipients, sans rien apprendre de plus sur les Raute, quand ceux-ci levèrent le camp et disparurent. Il lui restait à rentrer à Vienne et à remplir d'une imposante collection de bols les magasins dans le sous-sol du musée d'ethnographie.

Ouest du Népal, 1996. Un Raji endort son enfant devant le feu à l'abri de son tipi de feuilles.

Les nomades se déplacent en petits groupes de quelques dizaines de personnes dirigées par un chef que l'on appelle « celui qui marche en tête », *agwani* chez les Raji. Ils transportent leur maigre attirail et quelques volailles dans des hottes et des filets. Ils montent leur campement en quelques heures à peine et construisent de petites cabanes en branches qu'ils recouvrent de feuillage. On ne peut s'y tenir debout mais elles sont assez grandes pour qu'un couple et deux enfants puissent s'y lover la nuit à l'abri du froid et de l'humidité pénétrante de la forêt.

Il semble que les rites du cycle de la vie soient réduits au minimum. Les mariages sont expédiés chez les Raute, qui se contentent d'un échange de pains et de bénédictions mutuelles sur le front entre les deux époux. Les funérailles revêtent la même simplicité. Les défunts sont enterrés au pied d'un arbre dans la forêt, accompagnés des outils grâce auxquels ils ont façonné leur vie sur terre comme, peut-être le pensent-ils, il faudra le faire dans l'autre monde. Si c'est un homme qui est mort, son arc et ses flèches sont fichés dans la terre à hauteur de la tête, auprès de sa houe et de son sac. Si c'est une femme, ses ustensiles de cuisine y sont déposés, remplis de riz. Après le deuil, le groupe abandonne le site pour ne jamais y revenir, laissant derrière lui l'image furtive d'une existence humble et libre.

On se doute que les villageois entretiennent une relation fort ambivalente avec ces « nomades de la forêt ». Ils regardent d'abord avec un peu de condescendance ces pauvres hères, et leur discours évoquerait volontiers celui que La Fontaine, au début de sa fable, prête au chien bien nourri devant le loup affamé. Mais ils leur attribuent aussi toutes sortes de pouvoirs, et en premier lieu celui de ravir leurs filles par leur magie et de les métamorphoser en membres de leur espèce. Dans le passé, les chamanes raji, les *gurwa*, avaient la réputation de pouvoir protéger une région des tigres qui y rôdaient, menaçant le bétail et parfois les humains. En cas de succès, le magicien était payé en mesures de grains par la communauté. Cette fonction leur fut même reconnue dans un document marqué du sceau royal. On n'échappe jamais tout à fait à l'histoire.

CHEF TRIBAL OU ROI HINDOU

Revenons à présent vers ceux qui se sont battus et, pour reprendre un discours que leurs descendants tiennent aujourd'hui, qui se sont laissé berner. Nous avons vu les Hindous des plaines, les Thakuri, accompagnés des castes d'artisans, ne les oublions pas, pénétrer l'Himalaya. Ils y rencontrent leurs rudes cousins, les Khas, fondateurs de royaumes, et des chefferies tibéto-birmanes, essentiellement magar et gurung à l'ouest et au centre du Népal, kirant à l'est. Les historiens s'accordent à considérer les premières comme s'étant montrées fort coopératives avec leurs nouveaux maîtres, contrairement aux secondes, célèbres pour leur farouche résistance. Mais, même dans l'Ouest, la conquête de l'Himalaya ne s'est pas faite en un jour.

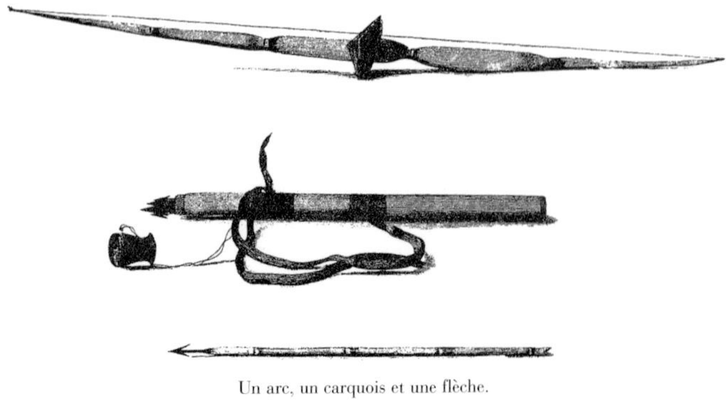

Un arc, un carquois et une flèche.

Affiche du film *Simarekha*, (*La Frontière*, 1998), qui retrace la conquête au XVIe siècle d'une communauté tribale, les Magar (en bas à droite) par les Thakuri (en haut à gauche).

Les chefferies tibéto-birmanes n'étaient pas des royaumes ni même des principautés, en dépit du terme « *raja* » employé communément dans l'histoire légendaire ou les récits oraux en vigueur dans les campagnes. Traditionnellement, ces populations ne reconnaissaient pas le système des castes et, en ce sens, elles étaient égalitaires. Certes les clans fondateurs, on l'a dit, jouissaient de certains privilèges rituels sur la terre, la source essentielle de richesse, et leur rôle politique en était naturellement renforcé. En outre, certains personnages émergeaient du lot et leur charisme pouvait en faire de grands chefs en mesure de fédérer plusieurs groupes. Mais ils n'étaient pas pour autant des souverains hindous.

LA PIERRE DE FONDATION

Une œuvre littéraire, publiée pour la première fois en 1943 et devenue monument de la littérature népalaise, illustre, par les remous qu'elle a provoqués, l'enjeu contemporain non pas d'une conquête inachevée mais du moins d'une unification difficile. L'auteur met en scène la prise de Gorkha, une chefferie magar, au XVIe siècle, par l'ancêtre Thakuri de la dynastie régnante, Drabya Shah. Cet événement est à l'origine de la future nation puisque c'est de là que Prithvi Narayan, le père du Népal, partira à la conquête du pays après son accession au trône en 1742. D'où le nom de la pièce, *La Pierre de fondation*. Deux groupes sont en présence : les hindous purs qui ont reçu l'initiation et que pour cette raison l'on nomme « Deux-fois-nés » et les « Buveurs d'alcool » qui regroupent les populations tribales, non pas impures, mais de statut inférieur dans la hiérarchie des castes.

Le troisième acte s'ouvre sur une scène d'un village magar. Le crieur public bat le tambour en annonçant qu'à partir de ce jour les villageois devront donner au « roi » une mesure de bière brassée dans chaque maison et le morceau de choix du cochon qui y sera tué. Et comme si cela n'était pas suffisant, les futures épouses passeront désormais la veille de leur mariage au palais. Cette annonce provoque moult commentaires de la part des villageois, outrés par les soudaines exigences d'un roi dont ils commencent à douter.

L'acte suivant développe les stéréotypes respectivement associés aux Deux-fois-nés et aux Buveurs d'alcool. Devant son palais, le roi magar, Mansingh, est en pleine discussion avec quatre personnages : son secrétaire, le Magar Ale, un prêtre brahmane, un Chetri et un Gurung Ghale. En un népali grossier, qu'il ne maîtrise pas encore, le roi lance :

MANSINGH : Qu'est-ce que c'est que ces histoires de Bahun (brahmane), de Chetri, d'Ale ou de Ghale ? (*Se tournant à droite*) Si je te coupe la peau, tu saigneras. (*Se tournant à gauche*) Si je te coupe la peau tu saigneras. Le sang est le sang, la peau est la peau. Toi tu auras mal, et toi aussi. Tout cela ne veut rien dire !

LE BRAHMANE : Sire, ce n'est pas nous qui avons inventé ces règles. L'ordre religieux des castes a toujours existé. Par quoi veux-tu les remplacer ?

MANSINGH : Qu'est-ce que tu en dis Ghale ?

GHALE : Sire, les hommes sont des hommes et pas des moutons tous mélangés n'importe comment. Les Bahuns restent avec les Bahuns, les Chetri avec les Chetri...

ALE : De père en fils, depuis des générations, les Buveurs d'alcool sont séparés des Deux-fois-nés et les respectent.

MANSINGH : Qu'est-ce que vous me racontez là ? Tu es mon secrétaire et tu ne te montres pas très sage !

Le roi boit encore plus de bière et en offre au Chetri.

MANSINGH : Tu ne bois pas de bière ? Pourquoi pas ? Tu manges bien du yaourt ! Nous buvons de la bière. C'est la même chose. Le lait se transforme de la même façon que le grain fermenté devient de la bière ! Eh ! Ale ! On est tous pareils !...

À la fin de l'acte, le brahmane tente de raisonner le roi magar et dit avec assurance : « Si tu nous prends comme conseillers, nos règles seront appliquées et tu ne perdras pas. » Mais Mansingh ne veut rien entendre. De plus en plus ivre, il se moque de l'hypocrisie et du manque d'humour des brahmanes et termine sa tirade en criant : « Que seuls les Buveurs d'alcool demeurent dans ce royaume ! » Il est clair à présent que le roi magar se coupe de sa propre communauté d'abord par ses excès puis en refusant de suivre les nouvelles règles et de fonder un État hindou.

Récemment, certaines associations pour la défense de la communauté magar ont jugé ce portrait du roi insultant à leur égard et la pièce fut brûlée en public. Le roi magar se montre en effet fort tyrannique en usant du droit de cuissage, excessif dans ses habitudes et provocateur dans ses propos. Son mauvais népali achève de le dépeindre comme un roi grossier qui contraste avec le brahmane offrant poliment ses services. Il y a pourtant un autre côté dans le personnage inventé par l'auteur. Ce roi-bouffon exprime aussi des vérités sacrilèges à certaines oreilles hindoues. Ne sommes-nous pas tous faits de la même chair et du même sang ? La hiérarchie des castes est-elle aussi naturelle que cela ? Pourquoi la fermentation des grains serait-elle impure quand celle du lait ne l'est pas ? Ces questions demeurent posées, même après que le roi s'est tu. On mesure à quel point la pierre de fondation peut aussi devenir une pierre d'achoppement dans la construction de la nation.

A. S

UNE LITTÉRATURE AU GOÛT DE CENDRES

La colonisation indo-aryenne de l'Himalaya introduisit le respect de l'écrit parmi les populations tribales aux traditions exclusivement orales. Les premiers textes en ancien népali remontent à l'empire Malla, qui s'est installé dans l'ouest du pays au XIIIe et au XIVe siècle. Outre que l'écriture était brandie par leurs conquérants comme le signe de leur supériorité militaire mais aussi culturelle, il faut, semble-t-il, rechercher les raisons du prestige qu'elle revêtait aux yeux des populations illettrées dans l'objet même constitué par les textes, ces rouleaux de papier recouverts de lettres, de chiffres et de figures graphiques de couleurs différentes.

Autant peut-être que le savoir enfermé dans ces textes pourtant indéchiffrables, c'est l'œuvre d'une technique nouvelle et encore rare, l'objet écrit, comme un trésor, qui retient leur attention et commande leur respect. Ne sommes-nous pas nous-mêmes pleins de déférence devant une page noircie de caractères inconnus, devant ce code dont nous ne possédons pas la clef ? L'horoscope établi par un brahmane astrologue est précieusement conservé dans un recoin de la maison par celui qui l'a commandé et qui pourtant ne sait pas lire. Son destin est là, dans cette chose écrite.

LE CHEF ÉLU DES DIEUX

Il ne faudrait pas imaginer pour autant que les peuples sans écriture renient aussitôt leurs traditions, loin s'en faut. Certes, celles-ci se modifient au cours du temps. En prenant un peu de distance, l'observateur de ces communautés remarque que leur organisation sociale et religieuse oscille entre deux pôles : l'un tend vers une spécialisation accrue de certains rôles ; l'autre, au contraire, entraîne un appauvrissement de fonctions qui tombent en désuétude, laissant la place à de nouvelles charges qui apparaissent ou à d'anciennes qui se transforment.

Ainsi, par exemple, le chef des premiers temps avait pour tâche de mener, lors des migrations, sa bande à la recherche de nouvelles terres. On cultivait alors par écobuage. Mais ses compétences d'agriculteur et de chasseur qui assuraient la prospérité des siens étaient, selon leurs conceptions, autant magiques que techniques, sans pour autant que les deux se confondent. Les gens qui vivent intimement dans la nature en connaissent en effet assez les secrets pour en obtenir leur survie, en toute rationalité. Il n'en demeure pas moins qu'à leurs yeux la nature ne se laisse maîtriser que par celui que les esprits ou les dieux invisibles qui l'habitent ont choisi. En ce sens il est proche du chamane investi du pouvoir de guérir les malades et plus généralement de veiller à l'harmonie des relations entre les humains et les êtres surnaturels, esprits ou ancêtres, qui gouvernent la vie sur terre.

Plus tard, quand le chef est à la tête de sa communauté d'agriculteurs devenus sédentaires au sein d'un petit royaume, ses fonctions deviennent héréditaires et sont progressivement figées par le souverain dont il devient le délégué local. Et plus tard encore, quand il devient élu maire d'une circonscription au sein de la nation, son rôle rituel disparaît. Il ne prétend plus être l'élu des dieux. Les relations avec le surnaturel, dont il partageait la responsabilité avec le chamane, deviennent le domaine exclusif de ce dernier ou, comme c'est souvent le cas parmi les populations tibéto-birmanes de l'Himalaya, de deux sortes de chamanes, le prêtre tribal et le médium.

Nord-est du Népal, 1980. Un lama boit, avec sa paille de bambou, la *tongba*, bière de millet, spécialité de cette région.

Statuette de chamane (ouest du Népal) en train de battre son tambour.

LE PRÊTRE TRIBAL ET LE MÉDIUM

Les ethnologues ont souvent bien du mal à distinguer ces deux personnages dans leurs pratiques effectives. Disons que le premier se présente comme le dépositaire de la tradition orale de son groupe qui y puise, en somme, ses coordonnées dans le temps et dans l'espace. Les mythes d'origine retracent les itinéraires de migration ancestraux, développent une certaine conception de la condition humaine et fondent la vie rituelle. Le second, le médium, entretient une relation personnelle avec ses ancêtres et son esprit tutélaire, grâce auxquels, après une initiation parfois fort longue, il perçoit la face cachée du monde. Il sait repérer les sorcières invisibles, toujours prêtes à faire le mal, et comprendre le mécontentement des esprits de la nature sauvage, dérangés par les chasseurs inattentifs, ou celui des ancêtres délaissés par leurs descendants. Il semble qu'il faille sortir du monde visible pour parvenir à l'ordonner et éclairer les motivations secrètes des hommes.

Les deux spécialistes partagent le même pouvoir de communiquer directement avec les êtres surnaturels. Les chants rituels racontent le voyage des âmes des guérisseurs, parties accompagner celles des morts vers le pays des ancêtres ou rechercher celles des malades en échange de sacrifices d'animaux. Cette extériorisation rituelle prend des formes plus ou moins dramatiques selon les cas. Elle est quelquefois mimée de façon très vivante, captivante même pour les spectateurs. Sous leurs yeux, le chamane se métamorphose en sanglier, un de ses animaux auxiliaires, et fourrage le sol en grognant à la recherche de l'âme perdue, qui revient sous la forme d'un insecte promptement capturé avant d'être réintroduite dans le corps du malade. Dans les communautés soumises à une forte présence hindoue, le voyage est seulement conté lors de chants interminables, qui ont perdu toute intensité dramatique. Le « chamane assoupi » a perdu confiance en ses pouvoirs. Et d'ailleurs, il doit à présent partager la scène rituelle avec le prêtre de l'une des deux religions dominantes, le brahmane ou le lama.

LES CHAMANES, LE BRAHMANE ET LE LAMA

Un jour un lama, un brahmane et deux chamanes gurung, le Khlibri et le Paju, décidèrent d'organiser une compétition pour déterminer lequel était le plus puissant. Il était convenu que les perdants devraient brûler leurs livres et couper leurs tambours en deux. L'épreuve consistait à atteindre le lac Manasarovar, au pied du mont Kailash, le lendemain matin, avant que les premiers rayons du soleil ne l'éclairent. Tandis que le lama et le brahmane s'installèrent pour méditer toute la nuit, les chamanes s'envolèrent dès le soir sur leurs tambours. L'aube surprit le lama et le brahmane dans leur méditation. Ils montèrent aussitôt sur un rayon du soleil levant et atteignirent le lac en même temps que la lumière de l'astre. Les chamanes n'arrivèrent qu'un instant plus tard mais perdirent la course. Ils brûlèrent leurs livres et fendirent leurs tambours. C'est ainsi qu'à présent l'instrument n'est recouvert de peau que d'un côté tandis que le tambour du lama l'est des deux.

Cette histoire racontée par Bernard Pignède, le premier ethnologue à avoir vécu chez les Gurung, à la fin des années 1950, est une adaptation locale d'une célèbre légende tibétaine. Dans le récit censé se passer au XIIe siècle, le lama Milarépa et le Bonpo Naro Bon Chung se provoquèrent l'un l'autre dans un combat magique pour le contrôle du très sacré mont Tise (Kailash). Le Bonpo fut vaincu lors d'une chute finale et son tambour fut divisé. On comprend que derrière ce mont et ces merveilles, c'est bien d'une domination politique sur la région qu'il s'agit.

LES BONPO

Le Bon est considéré par la majorité des Tibétains comme l'ancienne religion du pays, antérieure à l'arrivée du bouddhisme et de son adoption par l'empereur Songtsen Gampo au VIIe siècle. Il semble toutefois qu'il faille faire la différence entre une religion populaire ancienne, ou même plusieurs systèmes religieux locaux à caractère chamanique, et le Bon, qui se distingue lui-même du bouddhisme tout en en reprenant de nombreux aspects. Ainsi les deux religions bon et bouddhiste se sont développées jusqu'au XIVe siècle en perpétuelle interaction comme en opposition l'une à l'autre.

Pendant les périodes de crise, l'Himalaya retrouve son rôle de refuge pour les persécutés. C'est le cas à la fin du VIIIe siècle, quand les Bonpo doivent fuir le Tibet central ou se convertir à la nouvelle foi, comme nous le raconte *Le Précieux Trésor des Bonnes Paroles, pluie bienfaisante pour le sage*. Alors « les prêtres copièrent les textes Bon sur du coton blanc avec de l'encre rouge, d'autres écrivirent sur du papier de couleur chinois et tibétain avec de l'encre noire. Quand le temps manquait pour copier les textes on les cachait, à l'insu du roi ». Puis les prêtres Bon « chargèrent les loups, les tigres et les léopards avec des textes de magie et de divination et partirent [...] », tous dans des directions différentes. Certains se dirigèrent vers Balpo Seri, localisé par les historiens au sud du Mustang, dans la vallée de la Kali Gandaki, au Népal.

UNE PIROUETTE FINALE

Mais revenons au récit gurung pour remarquer que la place du Bonpo dans le conflit tibétain y est occupée par le Paju et le Khlibri. Cette assimilation entre les deux types de spécialistes religieux, chamanes et Bonpo, bien qu'historiquement non fondée, est pourtant fort répandue parmi les populations tribales sous influence tibétaine. Il faut écouter la fin de l'histoire telle qu'elle est racontée par un Paju pour comprendre toute la teneur de l'enjeu qui s'y développe : devant ses textes brûlés jusqu'aux cendres, les chamanes entendirent une voix divine leur enjoindre de conduire les rites, de mémoire. Ils ingérèrent alors les cendres de leurs livres et depuis, exécutent les chants par cœur durant les cérémonies, tandis que le lama en est réduit à lire ses textes.

L'imagination populaire se délecte de cette situation propice à la farce. Avant d'exécuter les rites d'exorcisme, il convient d'appeler ses esprits tutélaires dans l'obscurité. Comment font les lamas pour lire sans lumière ? Et que se passerait-il si la divinité gardienne du Paju venait voler les livres du prêtre ? Il en serait réduit à l'impuissance ! En outre le savoir écrit perd de son pouvoir en devenant accessible sans discrimination à qui sait lire. Le chamane en revanche conserve ses secrets qui lui sont transmis par ses maîtres. Ceux-ci peuvent être humains dans le cas d'une longue initiation, ou surnaturels, et apparaître en rêve.

La chute que les Gurung ont imaginée au récit de leur défaite face aux religions écrites est fort habile. Elle ne dénigre pas complètement l'écriture, puisque les chamanes aussi se prévalent d'anciens textes qui les mettent sur un pied d'égalité avec les lamas et les brahmanes. Mais elle transforme celle-ci en une substance rituelle, qu'ils sont les seuls à posséder, qu'ils ont même absorbée, retournant par cette pirouette finale la situation à leur avantage.

L'ÉCHANGE

Les religions, quelles qu'elles soient, prétendent faire face à l'adversité. Les maladies, la mort, la perte humiliante de prestige, les mauvaises récoltes sont des situations d'autant plus difficiles à vivre que leur cause ultime demeure cachée. Les prêtres interviennent pour chercher des explications et proposer des solutions. Tandis que les religions de salut jaugeront plutôt les événements à l'aune de la moralité des actes de l'individu en crise, la communauté qui se rassemble autour de l'un des siens touché par le malheur pense que la seule façon de sortir de l'impasse est de ressouder les relations entre proches.

Plutôt que de chercher à se libérer de la souffrance et du cycle infernal des réincarnations en méditant sur le caractère éphémère de la vie, comme le recommandent les bouddhistes savants, les adeptes des religions populaires tentent de surmonter leur douleur en comblant la brèche créée par la disparition d'un parent dans le réseau des relations sociales par de multiples échanges de présents. Les funérailles, pour ne prendre que cet exemple, sont l'occasion de réaffirmer les alliances matrimoniales, garantes de la continuité du lignage mis en péril par la mort de l'un de ses membres. Dans le fond, on ne réagit guère différemment dans nos sociétés modernes où, si l'on affronte seul de telles épreuves, ce n'est jamais de son plein gré. Il reste que l'échange, besoin fondamental ou contrainte, on ne sait, revient, comme une sorte de refrain conceptuel, rythmer les relations des hommes entre eux, comme aussi avec la nature et les êtres invisibles qui la gouvernent.

A. S

आँखा उपचार
EYE CAMP

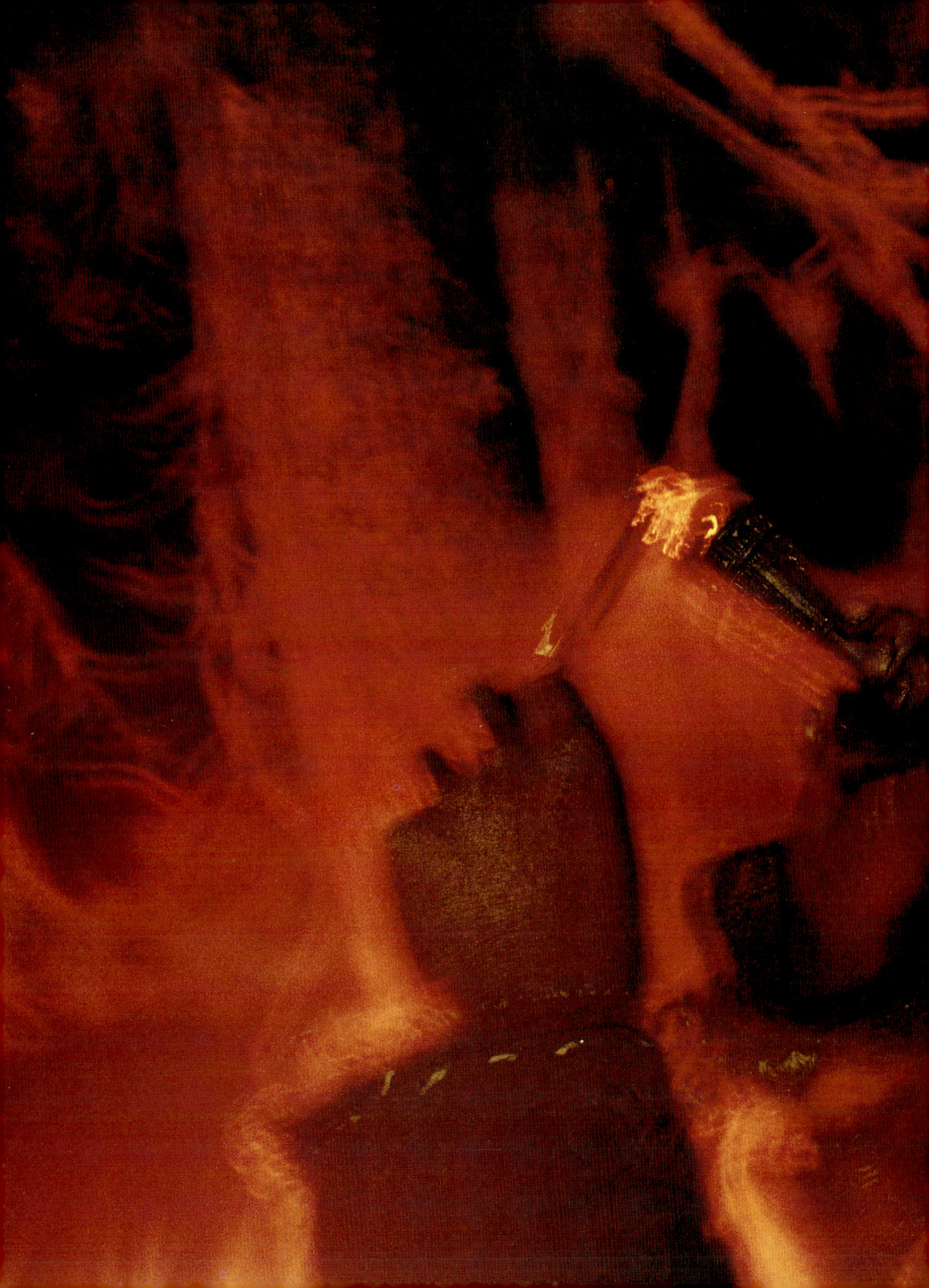

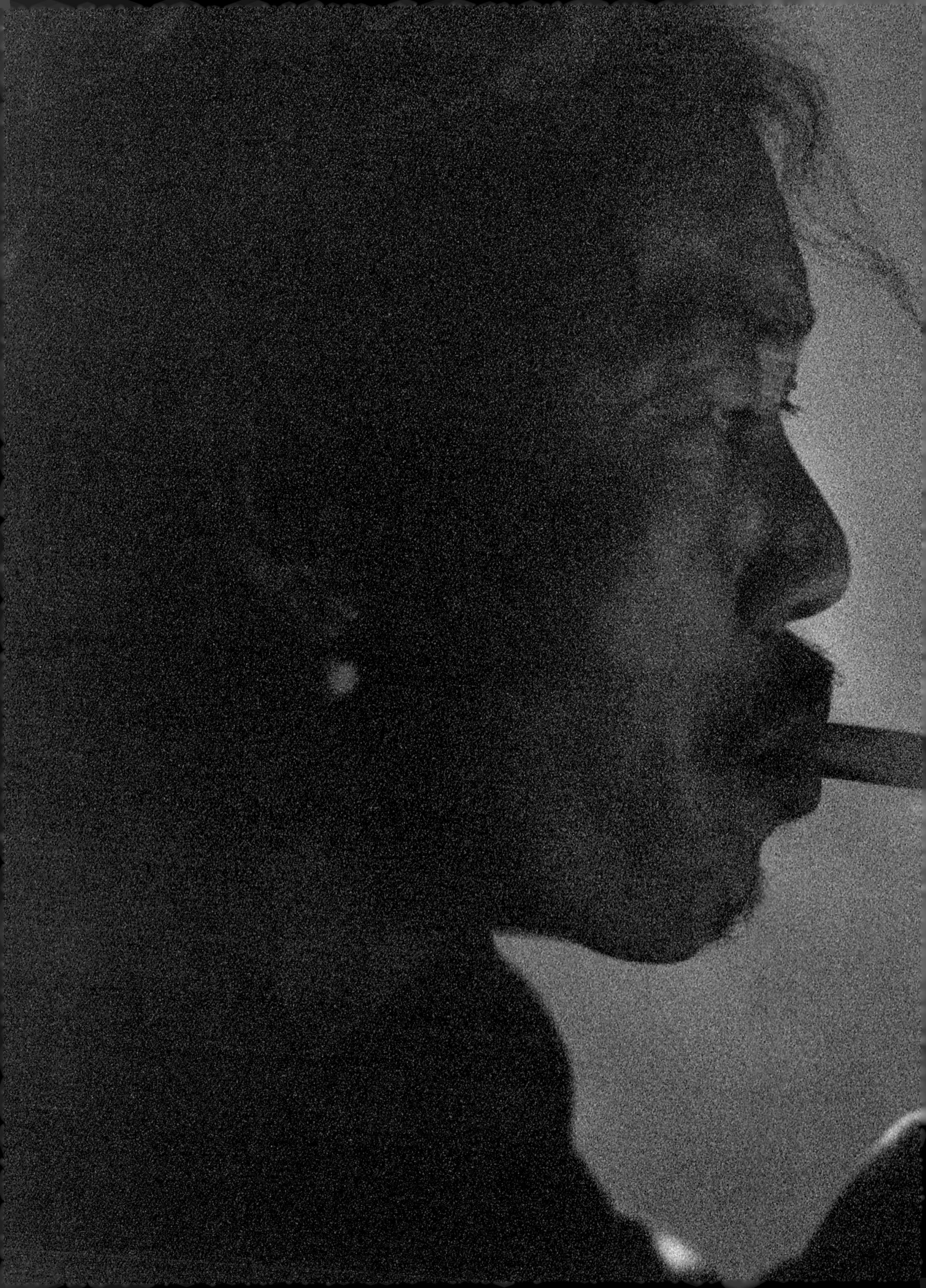

VARIATIONS SUR LES GRANDS HOMMES

Il y a une expression en népali qu'un observateur même peu familier de cette langue ne tarderait pas à relever, tant elle revient souvent dans la conversation. C'est celle de *thulo manche*, « le grand homme », l'homme important, influent, qui a des dépendants ou qui est en mesure d'exercer un pouvoir sur les autres. La notion est partiellement politique, dans le sens où le personnage ainsi qualifié occupe une position stratégique au centre d'un réseau de relations, qu'il peut mobiliser à des desseins les plus divers. Le villageois qui veut que son fils poursuive ses études se tournera spontanément vers son parent influent résidant en ville, où il y a de bons internats ; il cherchera son appui s'il a des démêlés avec la justice ou, tout simplement, il lui demandera un prêt en cas de soudure difficile, quand les réserves de grains sont épuisées et que les nouvelles récoltes ne sont pas encore rentrées. C'est pourquoi l'expression, reflet d'une nécessité de la vie quotidienne, émaille au Népal les conversations les plus ordinaires.

Dans une société essentiellement organisée autour des liens de parenté et d'alliance, et fortement hiérarchisée, ne serait-ce que par les statuts d'aîné et de cadet, les individus ont toujours à compter avec des personnages auxquels ils doivent le respect ou, au contraire, dont ils doivent veiller à recevoir les hommages, gage de leur position au sein de la communauté. La vie népalaise est jalonnée de rites quotidiens comme de fêtes plus spectaculaires rappelant à chacun qui est qui : le roi vis-à-vis de ses sujets, le père vis-à-vis des membres de sa famille, ou encore la sœur vis-à-vis de son frère et la liste n'est pas exhaustive. Celui que vous respectez vous doit en échange protection quand vous êtes dans l'adversité.

Il y a de plus ou moins « grands » *thulo manche*. Le fonctionnaire du gouvernement qui arpente la grand-rue du chef-lieu du district, sanglé dans son costume officiel à la mode moghole, le *topi* vissé sur la tête, les chaussures astiquées, et qui arbore des airs importants en buvant son thé au lait, est une figure familière. Mais si l'attitude des paysans venus des villages alentour, le dos souvent courbé sous la hotte qu'ils portent à l'aide d'une bande frontale, apparaît bien humble, les regards qu'ils lui jettent furtivement ne sont guère chargés de respect. En revanche, ils saluent le grand homme dont ils dépendent en abaissant leur front jusqu'à ses pieds, manifestant leur déférence et prouvant leur fidélité en proportion de sa puissance, elle-même mesurée à l'aune de sa générosité.

La notion de grand homme est aussi morale, et donc religieuse. Traditionnellement, l'homme vraiment puissant est vertueux. Ces conceptions trouvent peut-être leurs racines dans un mode de vie qui faisait de la terre l'unique source de subsistance avant même que d'être source de richesse. L'homme qui la faisait fructifier et assurait ainsi la prospérité des siens, en dépit de nombreux aléas, n'y parvenait, on n'en doutait pas, qu'avec l'assentiment des dieux.

Ces vertus, il faut le préciser, sont bien éloignées de la morale chrétienne qui prêche la bonté et la générosité envers les plus faibles. Non, l'homme de l'Himalaya n'est pas bon envers son prochain. Il sait que seuls les plus forts pourront survivre dans l'environnement montagneux qui est son lot. Mais il sait aussi que seul, il ne parviendra pas à le maîtriser ou du moins à en retirer de quoi vivre. On peut aisément comprendre que l'Himalaya ait forgé une certaine sorte d'homme, endurant et pragmatique.

Dolpo, 1995. Dawa, originaire de la vallée de Tarap, fut mon compagnon lors d'un long périple printanier. A l'arrêt, il a pris la position classique des porteurs : faisant reposer le poids de sa hotte sur un muret et le bandeau frontal sur sa poitrine.

Son horizon est géographiquement restreint. Certains Magar de l'ouest n'ont jamais quitté la vallée qui les a vus naître et ne le feront que s'ils y sont contraints par les circonstances. D'autres au contraire, les bergers par exemple, se montrent impatients de partir en transhumance vers de nouveaux horizons. Dans la solitude des alpages, tandis que paissent leurs animaux, ils rêvent du moment où ils entreront dans le bazar aux multiples tentations. À chaque fois, ils oublient qu'à peine arrivés aux abords des premières maisons de thé, ils chercheront avec anxiété la sortie de ce labyrinthe chatoyant qui les effraie. Ils repartent presque aussitôt, sans même acheter les épices ou le sucre qu'on leur avait demandé au village. Leurs jambes nues sous la jupe de chanvre tissé, retenue par une épaisse ceinture de laine dans laquelle est fiché leur poignard recourbé, et leurs larges pieds couverts de corne attirent les regards incrédules des habitants de ces gros bourgs-marchés de la plaine, où se prépare l'avenir du pays.

Prithvi Narayan Shah brandit son index droit pour signifier l'unification du pays.

Pourtant ce sont des montagnards comme eux, trapus, le visage noirci par la fumée des feux de camp, qui ont conquis le pays tel que nous le connaissons aujourd'hui. Un jour, vers le milieu du XVIIIe siècle, ils ont accepté de laisser leurs champs pour suivre un homme, le tout jeune roi de Gorkha, et participer à une entreprise militaire, unique en son genre dans ces collines.

« MON PETIT ROYAUME CHÈREMENT ACQUIS »

On se souvient que les vagues de migration rajput, depuis la plaine du Gange et même au-delà, depuis le Rajasthan, s'étaient intensifiées au XIVe siècle et avaient abouti à la formation de près de quatre-vingts petites principautés le long de la chaîne himalayenne. Chacune était organisée autour d'une capitale fortifiée, érigée sur un site en éperon d'où le regard pouvait embrasser les deux ou trois vallées à défendre. Car c'est bien ainsi, comme des sites défensifs, qu'il faut considérer les unités du relief où s'installent ces îlots de population, qui ne comptaient le plus souvent que quelques milliers de foyers, concentrés le long des vallées les plus larges. Les forteresses étaient presque imprenables, au point de rendre l'approvisionnement en eau difficile. Si l'Himalaya offre bien un refuge naturel, ses rangées de crêtes parallèles les unes aux autres, ses éperons rocheux, sans compter ses fleuves, dont les berges deviennent impraticables pendant la mousson, résistent du même coup à toute tentative d'unification ou de conquête militaire.

Un prince ne pouvait pas partir en campagne avec tous les hommes qui vivaient sous sa tutelle. Une partie d'entre eux devait rester pour défendre le territoire contre d'éventuelles incursions ennemies. Surtout, il fallait que des paysans travaillent la terre, qui demeurait la principale ressource de ces modestes royaumes des collines. Dans ces conditions, leurs dirigeants tentaient bien quelques raids vers l'État voisin dont ils convoitaient les mines ou l'accès à une route de commerce, mais là se limitaient leurs ambitions de conquête. Seul l'un d'entre eux vit plus loin.

Prithvi Narayan Shah est couronné roi de Gorkha, une de ces petites principautés à l'ouest de Katmandou, le 3 avril 1743. Il a 21 ans. Il a été élevé par sa belle-mère, Chandraprabha, très impliquée dans les affaires du royaume. En réalité, elle le dirige à la place du roi qui, lui, s'en désintéresse. Il lui demande même de ne pas le suivre dans la mort, comme le voulait la coutume hindoue des épouses brûlées vives sur le bûcher de leur mari, afin de poursuivre sa tâche de conseillère auprès de son fils. Très tôt, celui-ci voyage, se rend en pèlerinage à Bénarès, dans le nord de l'Inde, rencontre des dirigeants musulmans, et se procure des armes à feu. Plus tard, sur les conseils de Chandraprabha, il recourra à des artificiers musulmans connus pour exceller dans le maniement des mousquets. De retour dans les collines himalayennes, il visite certaines principautés de l'Ouest regroupées en confédérations depuis l'effondrement de l'empire Malla. Plus important, il pose son regard sur la vallée où voisinent les trois villes royales newar, Katmandou, Patan et Bhaktapour, que l'on appelait alors Népal, et décide qu'il en deviendra le souverain.

Quand, à 53 ans, il se sait malade, il prononce une série de discours qui, retranscrits peu après sa mort, relatent de façon étonnamment vivante son parcours, déjà devenu une légende. Il en est ainsi de ce célèbre passage où, du sommet de la montagne Chandragiri, en compagnie de deux brahmanes astrologues, le jeune homme de 15 ans contemple la vallée convoitée :

« À ce moment ces deux astrologues me dirent :
– Oh Roi, votre cœur fond de désir.
J'en fus ébahi. Comment connaissaient-ils mes pensées les plus intimes pour pouvoir me parler ainsi ?
– À l'instant où votre regard s'est posé sur le Népal, vous avez caressé votre moustache et dans votre cœur vous aspiriez à être roi du Népal, c'est ce qu'il nous a semblé. »

Représentation de Yelambara, un roi kirant.

L'idée est folle, la richesse de la vallée par où transite le commerce entre la plaine indienne et le Tibet est sans commune mesure avec les maigres ressources de Gorkha. Le prince le sait. La passion qu'engendre en lui ce projet naissant ne l'aveugle pas. Il appelle ses conseillers :

« Venez tout de suite, sans dormir… » Et ils vinrent.
– Je suis venu à Népal et je l'ai vue. Et j'ai décidé qu'elle doit être à moi. Qu'en dites-vous ?
– Attaquez, Oh Prince, dirent-ils. Et ils furent d'accord avec moi. Mais je leur demandai :
– Si je pars saisir le royaume d'un autre, un autre ne viendra-t-il pas se saisir du mien ?
– Votre voix, Oh Prince, est de celles qui effraient les éléphants. Si ces princes des Vingt-Deux et des Vingt-Quatre, les deux confédérations de l'Ouest, viennent, une rivière de sang coulera dans la Chepa. »

Une rivière de sang coula en effet. Mais il fallut aussi beaucoup d'intrigues et de diplomatie pendant pas moins d'un quart de siècle pour que la vallée soit conquise. Le rêve était devenu réalité et à la fin de sa vie, Prithvi Narayan pouvait s'enorgueillir de voir son « petit royaume chèrement acquis » devenu à présent un État des collines avec lequel ses puissants voisins, l'empereur de Chine, tout comme « l'empereur des mers », la Compagnie anglaise des Indes orientales, devaient compter.

LES CHEFS DE MAISON LIMBU

Les princes de l'Ouest refusent longtemps d'accepter qu'un des leurs s'élève au-dessus des autres et exige qu'ils prêtent allégeance. En revanche les Kirant, ces populations tibéto-birmanes qui peuplent les collines de l'Est, sont assez vite obligés de se rendre devant la supériorité militaire des troupes gorkhali et en particulier de leurs armes à feu sur leurs arcs et flèches traditionnels. Ils semblent s'accommoder du statut de frères cadets que Prithvi Narayan leur confère, d'autant plus que celui-ci, retenu ailleurs, leur laisse leur autonomie. Mais leur résistance à la colonisation indo-népalaise, qui ne fait que s'intensifier pendant les deux siècles suivants, sera souvent très virulente, tant la culture et l'organisation politique de ces groupes sont incompatibles avec l'idéologie hindoue dominante.

Les Kirant – leur nom apparaît dans les textes hindous les plus anciens, il y a 3 000 ans – occupaient la vallée de Katmandou au début de notre ère. Leur présence y est attestée par des inscriptions de la première dynastie historique, les Licchavi, qui règnent du IVe siècle au VIIIe siècle et qui témoignent d'une culture indienne. Cependant, la plupart des toponymes mentionnés dans ces inscriptions écrites en sanskrit ont des résonances tibéto-birmanes et sont encore utilisés dans la langue newar moderne, qui laisse ainsi affleurer, après 2 000 ans de civilisation indienne, l'ancien territoire kirant. Ces populations, telles qu'on peut les imaginer au XVIIIe siècle, se rapprochent des tribus tibéto-birmanes de l'est du piémont himalayen, les Dafla, les Mishmi ou les Abor, qui ont tant fasciné les premiers ethnographes. Il faut dire que ces « barbares himalayens », écobueurs et chasseurs, dont la vie politique est dominée par le raid et la vendetta, déploient infiniment d'exotisme.

Les Limbu du Népal sont une de ces tribus kirant. Philippe Sagant s'est attaché à montrer comment, au sein de leur communauté, les événements qui émaillent la vie d'un homme ou de ses proches sont interprétés comme le reflet de sa plus ou moins grande « force vitale ». Ainsi dit-on d'un chef de maison qui subit un tort – épouse adultère, vol ou épidémie – qu'il « perd la face ». Il doit immédiatement réclamer une compensation à son agresseur ou même prendre les devants et lancer une expédition punitive dont il rapportera un prisonnier, qu'il gardera en otage jusqu'au règlement du conflit. Ou bien encore il fera un sacrifice à Nahangma, si le chamane identifie cette divinité comme étant à l'origine du malheur. Dans un cas comme dans l'autre, il doit « redresser la tête » et restaurer sa force vitale avant que celle-ci ne l'abandonne complètement et qu'il en meure.

Un chef de maison respecté et puissant n'est ni prince ni roi. Il a seulement plus de dépendants, se montre plus généreux en distribuant les parts de viande à ses retours de chasse mais exige en revanche de très grosses compensations quand il s'estime lésé. On se tourne vers lui pour arbitrer les conflits, avec la conviction que ce « grand homme » a suffisamment d'alliés pour imposer sa solution et que celle-ci sera juste.

Ces rapports de force très subtils, qui reposent à la fois sur des actes violents, expressions inéluctables de la force vitale, mais aussi sur des alliances indispensables, sont bien sûr mis à mal par la colonisation hindoue et le passage concomitant à la royauté qui vont de pair. En particulier parce que le chef de maison, qui ne détenait son pouvoir de personne d'autre que de lui-même et des dieux, devient progressivement le délégué du roi du Népal, sur un territoire fixe qui lui est imparti.

Ou peut-être n'est-ce que l'expression guerrière de ces rouages qui s'efface. Car on a décelé au début de ce chapitre des liens similaires entre un homme influent et ses dépendants dans la vie népalaise contemporaine. Quant à cette notion de « tête haute », elle n'était pas étrangère aux troupes gorkhali de Prithvi Narayan. Lors de leur victoire sur la forteresse de Kirtipur, une ville newar de la vallée de Katmandou, on raconte que les soldats ont coupé le nez des habitants qui leur avaient résisté. Que l'expression soit prise au sens propre ou figuré – les descendants de la ville défaite en débattent encore –, on comprend que les vainqueurs voulaient faire perdre la face aux vaincus. Des institutions différentes mais des idées similaires se dévident comme un fil rouge le long des collines de l'Himalaya.

A. S

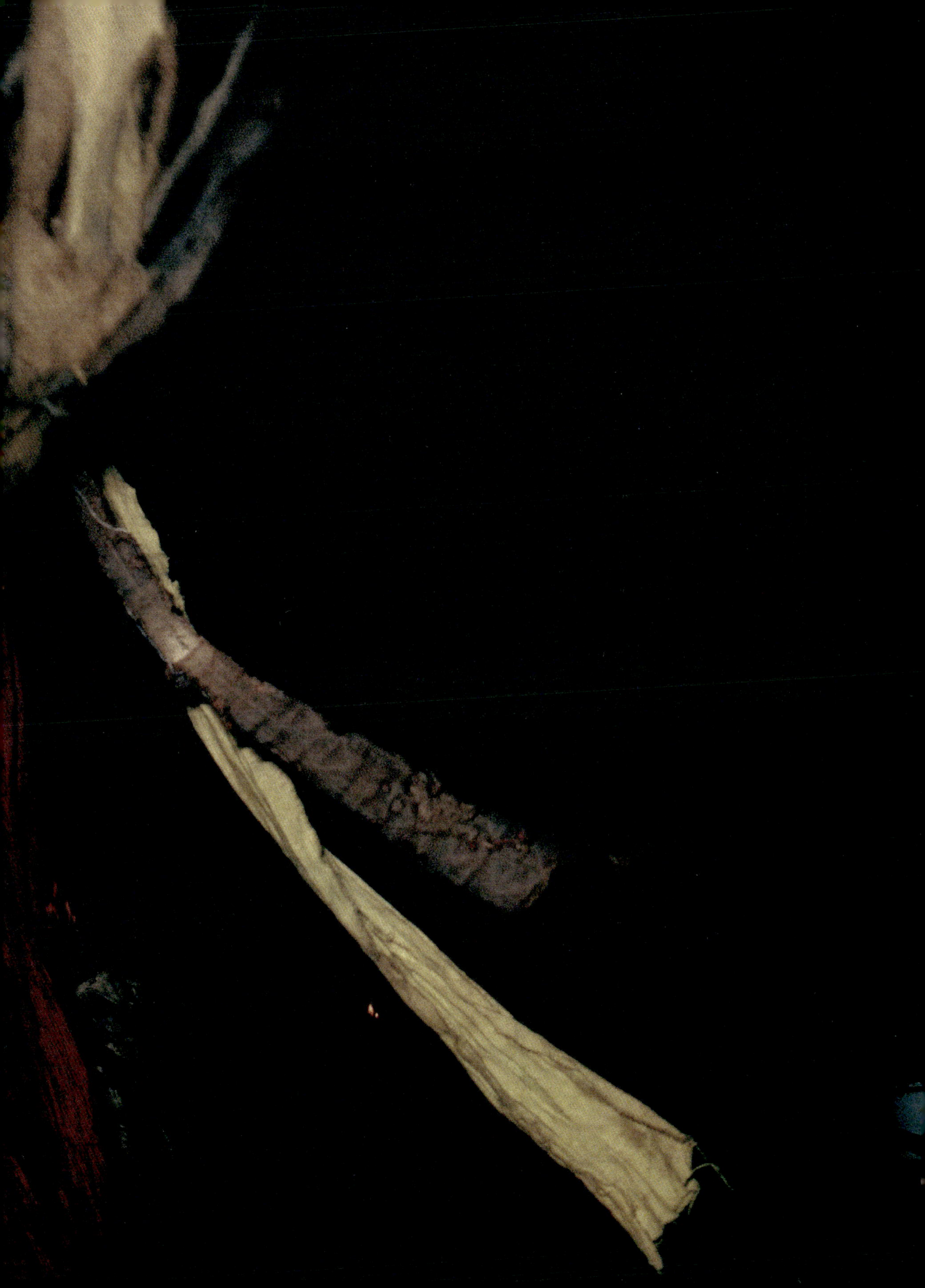

LE COMMERCE TRANSHIMALAYEN

VISIONS BAUDELAIRIENNES DU XIXe SIÈCLE

La Compagnie anglaise des Indes orientales, maîtresse du commerce en Inde à la fin du XVIIIe siècle, s'inquiète des ambitions russes en Asie centrale. Elle est soucieuse d'établir au plus vite des relations commerciales avec le Tibet *via* le Népal. La vallée de Katmandou est en effet située sur l'un des corridors transhimalayens les plus aisément accessibles. Tandis que la route vers l'Inde passe par le col de Chandragiri, celui-là même d'où Prithvi Narayan contempla les villes newar pour la première fois, les deux cols du Nord, Rasuwa à l'ouest et Kodari à l'est, sont les plus bas de la chaîne et permettent un raccourci entre la plaine du Gange et le Tibet voire au-delà, vers les villes chinoises. Mais le gouvernement gorkhali se montre réticent à toute intrusion étrangère. En 1816 cependant, les Anglais sont en mesure d'imposer aux Népalais le traité de Segauli, qui fixe *grosso modo* les frontières actuelles du royaume. Pour pouvoir être au fait des agissements des autochtones, ils exigent qu'un résident britannique soit posté de façon permanente à Katmandou. Les marchandises qui transitent par la vallée en provenance de la plaine gangétique vers le Tibet, et *vice versa*, sont minutieusement répertoriées. Les préoccupations des fonctionnaires de la Couronne, soucieux d'estimer la faisabilité et les profits à escompter des rapports commerciaux futurs, n'empêchent pas ces listes de faire rêver.

Les marchands de Calcutta envoient au Népal des velours européens et des draps fins, brun rouge, pourpres, rouges, jaunes et vert vif, des cotonnades indiennes, des satins et des chintz, des soies et des mousselines de Bénarès brodées d'or et d'argent, des châles du Cachemire. Montent encore des plaines, dans un même voyage, comme une vision psychédélique aux accents baudelairiens, l'opium et l'indigo, les peaux de loutres, les pierres précieuses, le corail et les perles, les épices et les fruits secs, le camphre, le vert-de-gris, le santal blanc, le santal rouge, les plumes de paons, les chevaux Tazee et le sucre candi, le salpêtre, le soufre et les fusils européens.

Du plateau tibétain descendent vers la vallée, à dos de yak puis à dos d'homme, des marchandises encore à l'état brut : de l'or, de l'argent, du sel, du cristal de roche et du borax, qui entre dans la fabrication des porcelaines européennes. Les faucons, les moutons et les chèvres, les peaux de daims, les queues de yaks qui serviront d'émouchoirs, le musc, la cire, le miel et le haschich trouveront acquéreurs dans les plaines.

Les tableaux du résident Hodgson, publiés en 1857, sont de véritables guides pour les entrepreneurs qui y trouvent précisés, outre le prix de chaque article, les coûts des douanes et les frais de transport. Sont enfin conseillés des itinéraires avantageusement comparés à ceux qu'emploie le commerce russe. Les efforts de Hodgson ont l'effet escompté, et les échanges s'intensifient sur la route népalaise, même si par la suite les marchands lui préfèrent une alternative sikkimaise. Mais la vallée n'avait pas attendu les Britanniques pour tirer le meilleur parti de sa position géographique privilégiée.

Ouest du Népal, vallée de Chaudabisé, village de Talphi, 1992. Un des villages de la vallée où sel et grain changent de mains.

L'ANTIQUE MAGNIFICENCE DE LA VALLÉE

Déjà au VIe ou au Ve siècle avant notre ère, sous la plume des moines de Shravasti, l'un des lieux sacrés du bouddhisme au nord de l'Inde, la vallée est décrite comme une voie commerciale.

Et dans l'*Arthasastra*, le très ancien traité indien de politique, sont évoquées des couvertures de laine venues du Népal. Peut-être sont-elles semblables à celles, noir et blanc, que les Gurung et les Magar viennent encore vendre l'hiver dans les foires au sud du pays. Leur tissage serré et le traitement spécial qu'elles subissent, longtemps foulées au pied au-dessus d'une intense source de chaleur, les feutrent et les rendent parfaitement imperméables, irremplaçables.

Au VIIe siècle, à l'époque du roi tibétain Songtsen Gampo, pèlerins et ambassadeurs chinois empruntent la route népalaise vers les villes et les monastères indiens. L'un d'eux, envoyé de la dynastie des Tang, le fameux Wang Hsüan-t'sê, a décrit la magnificence Licchavi que l'exploitation des terres les plus fertiles ne suffirait pas à expliquer :

« Leur roi Na-ling ti-po [Narendra deva] se pare de vraies perles, de cristal de roche, de nacre, de corail, d'ambre ; il a aux oreilles des boucles d'or et des pendants de jade, et des breloques à sa ceinture ornées d'un Foutou [Bouddha]. Au milieu du palais il y a une tour de sept étages, couverte de tuiles en cuivre. Balustrades, grilles, colonnes, poutres, tout y est orné de pierres et de pierreries. À chacun des quatre coins de la tour est suspendu un tuyau de cuivre ; en bas il y a des dragons d'or qui jettent l'eau [...] ».

Jusqu'au XVIIIe siècle, tant que les Newar sont les maîtres de la vallée, le commerce y est omniprésent. La géographie et le climat himalayens imposent aux voyageurs d'y séjourner et aux négociants d'y entreposer leurs marchandises. On ne peut traverser les cols au nord qu'en été, il faut alors attendre l'hiver pour poursuivre son chemin vers la jungle du sud, infestée par la malaria pendant la mousson. Dans ce caravansérail, les trafiquants côtoient les pèlerins, les ambassadeurs rencontrent les artisans, les informations circulent, des projets s'échafaudent. Les artistes newar sont réputés pour leur travail des métaux, le repoussé de l'or ou du cuivre, et les moulages de bronze à la cire perdue. Le plus célèbre d'entre eux – les Chinois l'ont appelé Aniko – est chargé

Coolies tibétains transportant des briques de thé. Gravure du XIXe siècle.

par Kubilay Khan en 1273 de diriger les artisans de l'empire. L'art sous toutes ses formes, architecture, sculpture et peinture, se développe en exprimant de la façon la plus exquise la dévotion des rois et de leurs sujets. Palais et temples s'agencent harmonieusement au centre des villes royales. L'homme n'y est jamais écrasé par le divin, il y concourt.

LES COMMUNAUTÉS TIBÉTAINES DANS L'ORBITE DE L'ÉCONOMIE-MONDE

Si la vallée de Katmandou a trouvé sa raison de vivre dans le trafic transhimalayen qui s'y fraie un passage naturellement aisé, que dire des petites communautés de culture tibétaine, enclavées dans des vallées aussi inaccessibles qu'inhospitalières, au nord du Népal et qui se sont pourtant engagées dans les entreprises commerciales les plus audacieuses ? Elles se présentent en effet, en contrepoint des Newar, comme l'autre pôle du réseau qui relie l'Himalaya à l'Asie du Sud et à la Haute Asie. Leur extrême isolement géographique les a paradoxalement attirées dans l'orbite de l'économie-monde.

Prenons l'exemple des Nyishangba de Manang, récemment étudiés. Ils sont entre deux mille et quatre mille personnes regroupées dans la vallée de la Marsyangdi, qui est comme cachée derrière les Annapurna, au nord-ouest du Népal central. Tout a commencé, une fois encore, avec de petits groupes d'éleveurs et de chasseurs, descendus du Tibet à une époque immémoriale. Ils se sont mariés avec des indigènes des collines moyennes, des écobueurs, et ont constitué la population des Gurung. Plus tard, vers le XIIIe ou le XIVe siècle, une seconde incursion tibétaine, celle des Ghale, est venue ajouter une autre strate au peuplement de la région d'où sont nés les Nyishangba. Outre une nouvelle forme de bouddhisme, les Ghale ont introduit les techniques d'une agriculture sédentaire sur les terrasses alluviales de la Marsyangdi. Ils ont mis au point un système élaboré d'irrigation dans cette région où il ne tombe que 350 millimètres d'eau par an.

Cependant malgré l'ingéniosité de ces véritables agronomes, qui exploitent les différences d'altitude et d'exposition au soleil des versants pour y adapter diverses cultures d'orge et de sarrasin, en complément de l'élevage des yaks et des moutons, les Nyishangba ne peuvent tirer de leur environnement guère plus de huit mois de subsistance par an. En hiver, à la morte saison, ils descendent vers les moyennes collines, chargés de musc, de laine et d'herbes médicinales séchées, valériane et gentiane, qu'ils troquent contre des céréales et surtout du riz. Ainsi l'année est rythmée par cet échange de produits provenant de deux zones écologiques complémentaires.

Les chevrotains porte-musc sont de tout petits ruminants aux oreilles arrondies, qui habitent les forêts de bouleaux et de genévriers au-delà de 3 500 mètres d'altitude. Deux longues dents blanches sortent de part et d'autre de leur mâchoire supérieure comme des crochets. Le mâle porte en arrière du nombril une petite bourse remplie d'une substance huileuse, le musc, dont les vertus sont multiples, médicales d'abord – aphrodisiaque, antispasmodique et antiseptique – et bien sûr olfactives. Cette petite poche, qui pèse entre 30 et 50 grammes, atteint des prix exorbitants. L'exportation de 116 kilogrammes de musc en 1972 a rapporté au Népal 1,1 million de dollars, ce qui ne représentait pas moins de 8,7 % de la valeur des exportations du pays. La chasse au chevrotain porte-musc est interdite depuis. Ces précisions s'imposaient pour comprendre que les mentions récurrentes du musc dans le commerce transhimalayen, et cela depuis toujours, sont le reflet d'une réalité économique non négligeable.

D'ailleurs, c'est autour de la collecte de cette substance et des herbes médicinales que se réorganisent les entreprises commerciales quand, de régionales qu'elles étaient encore au tournant du siècle, elles deviennent internationales. En effet, certains Nyishangba commencent à se procurer ces produits en provenance d'autres régions que la leur. Des petits groupes de parents proches descendent vers la plaine gangétique munis de leurs produits habituels, aussi légers que précieux. Les suivent de près, en trottinant, de jeunes *mastiffs* tibétains qui ne manquent pas de trouver acquéreur en chemin. Passé la frontière népalaise, les premiers chemins de fer, construits entre 1875 et 1910 en Inde du Nord, augmentent aussitôt l'envergure de leurs entreprises. Ils prennent donc le train jusqu'à Amritsar et Delhi afin d'y vendre leurs marchandises.

À présent munis d'argent liquide, ils partent explorer les zones le long de la chaîne himalayenne, qui présentent un environnement écologique semblable à leur vallée d'origine et offrent les mêmes ressources. Ils s'arrêtent à Simla, Kulu, Dharamsala, Jammu et Srinagar où ils achètent en gros du musc et des herbes auprès de chasseurs et de paysans comme eux. De retour dans les villes qu'ils viennent de quitter, ils y revendent leurs nouvelles acquisitions en dégageant un profit. Ils investissent alors dans l'achat de cotonnades et de teintures, qu'ils colportent en remontant vers leurs collines népalaises avant la mousson. On estime que lors d'un tel voyage, chaque individu pouvait gagner entre 500 et 600 roupies népalaises, une somme considérable en 1920. Ce sont les débuts d'une capitalisation, encore enracinée dans le terroir natal, mais qui s'en détache progressivement.

Les Nyishangba ne tardent pas ensuite à se tourner vers l'énorme marché de Calcutta, la capitale impériale de l'Inde. Avec l'argent provenant toujours de leurs produits naturels, ils se fournissent à présent en aiguilles à coudre, en épingles à nourrice et en teintures synthétiques très demandées en Assam où l'industrie textile est florissante. Nos colporteurs voyagent en train de ville en ville et, au terme d'une expédition de quatre à cinq mois, rapportent jusque dans leurs villages, derrière les Annapurna, des tasses à thé en porcelaine et des robes en coton à la mode européenne, trophées d'une ère nouvelle.

Si le train leur a permis d'augmenter de façon notoire leur rayon d'action, les lignes aériennes partant d'abord de Calcutta puis de Katmandou même les conduisent à Bangkok, à Singapour et à Hong-Kong. Ce sont à présent les marchandises de luxe, la mode et l'électronique qui constituent l'essentiel de leurs transactions. Ou bien l'or et l'opium. Mais c'est une autre histoire.

A. S

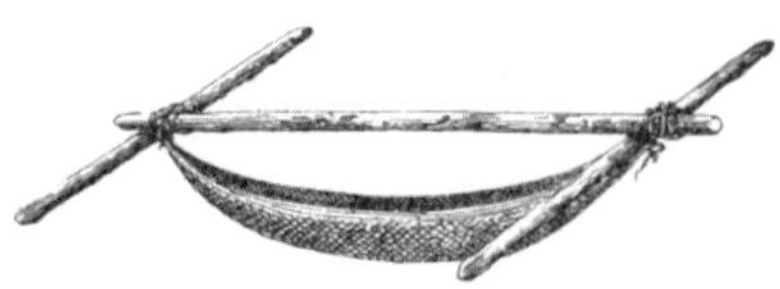

« FORÊT VERTE, RICHESSE DU NÉPAL »

LA NATIONALISATION DES FORÊTS : UNE TENTATIVE MALHEUREUSE

La formule « forêt verte, richesse du Népal » rime en népali, *hariyo ban nepalko dhan.* Elle est rabâchée dans les écoles dès la fin des années 1950, quand le gouvernement prend conscience de l'urgence qu'il y a à protéger les forêts du royaume. Celles-ci sont nationalisées en 1957. Mais les effets de cette mesure vont bien souvent à l'encontre de ce qu'en escomptaient leurs auteurs. Désireux de protéger un patrimoine national, ils ont négligé d'inclure dans leur projet de réaménagement les populations locales qui, de tout temps, avaient été les seules responsables de leur domaine forestier. Dessaisies de la gestion de ces ressources sans lesquelles pourtant elles ne sauraient survivre, certaines communautés ont substitué à la perspective à long terme, qui avait jusqu'alors commandé leur exploitation du milieu naturel, une utilisation sauvage sans souci du lendemain.

Par exemple, chez les Sherpa, certains paysans étaient traditionnellement chargés par le chef du village de contrôler l'exploitation des forêts. Ces gardes veillaient au respect des règles régissant la collecte du bois de chauffage à certaines périodes de l'année, l'abattage des arbres destinés à la construction des maisons et la protection des bois sacrés. Toute transgression était sanctionnée par une amende. La nationalisation des forêts entraîna une centralisation des autorités compétentes dans le chef-lieu du district, représentées non plus par des membres des communautés locales mais par des fonctionnaires de l'État. On imagine bien qu'obligé de marcher plusieurs jours afin d'obtenir la permission de couper un arbre, un Sherpa serait vite tenté de passer outre et d'aller se servir lui-même en cachette. Les paysans, qui entretenaient des relations intimes avec leurs forêts ancestrales, déniaient aux agents du gouvernement toute autorité légitime en ce domaine et les abus se sont multipliés.

Des mesures ont été prises afin de corriger ces premières tentatives malheureuses de réaménagement. Cependant, cet exemple illustre bien la complexité d'un problème qui se joue entre des communautés locales et un gouvernement central, entre des hommes qui ont su s'adapter, au prix d'un travail incessant, à leur milieu montagneux et des experts, souvent des étrangers, qui ne prennent pas assez le temps de les écouter.

LA CULTURE SUR BRÛLIS DES PREMIERS HABITANTS DE L'HIMALAYA

Depuis toujours, le système d'exploitation du milieu naturel de la plupart des populations himalayennes repose sur la forêt. En reconstituant l'histoire ancienne du peuplement des collines, nous avons rencontré à plusieurs reprises au cours des chapitres précédents des chasseurs et des écobueurs. L'écobuage, ce mode d'agriculture semi-itinérante sur brûlis, a presque disparu mais il existait encore récemment, en particulier à l'est du Népal. Un coin de forêt est défriché au début de l'hiver, en saison sèche. Les hommes abattent les gros arbres tandis que les femmes

Jeune fille au pied d'un arbre sacré, où, souvent, les porteurs font une halte.

débroussaillent. Au bout de quelques jours, on y met le feu puis on retourne le sol avec une houe. On sème du riz sec, de l'éleusine ou du sarrasin, récoltés après la mousson. Ces champs en pente sont exploités deux à quatre années de suite puis abandonnés pendant dix ou quinze ans, le temps que le sol et la végétation se reconstituent. Les écobueurs partent s'établir sur d'autres parcelles. Certaines communautés partagent leur territoire en une dizaine de lots, chacun étant exploité d'un commun accord, à tour de rôle, selon le principe de la culture sur brûlis.

Seule une faible densité de population permet ce mode d'exploitation qui repose sur l'existence d'une large couverture forestière. Les hommes y puisent encore bien d'autres sources de subsistance, produits de la cueillette et de la chasse. Certains mythes des populations tibéto-birmanes au passé d'écobueurs présentent même la chasse comme étant à l'origine de l'agriculture. Ainsi un chasseur découvre les premières graines de céréales dans le gésier de l'oiseau qu'il vient de tuer avec son arc. L'époque des incendies de forêts est aussi celle des chasses, les premiers pouvant même assurer le succès des secondes en rabattant le gibier. C'est toute une mentalité qui est évoquée par ce raccourci mythique. Point de labour ici, ni de domestication laborieuse de la nature, mais une chasse heureuse enrichie d'une promesse de récolte.

Milarépa.
Thangka sur soie,
XVIIe siècle.

LA MÉTAMORPHOSE DU PAYSAGE

Tout change dans la seconde moitié du XVIIIe siècle, quand Prithvi Narayan Shah et ses descendants tentent d'unifier le pays militairement conquis mais encore composé d'unités fort diverses. La culture hindoue s'imprime d'abord dans le paysage. Les travaux de terrassement pour la riziculture avaient déjà commencé dans le centre et l'ouest mais ils sont à présent, à la charge du nouvel État, étendus aux régions nouvellement colonisées. Les collines se métamorphosent en immenses amphithéâtres aux multiples gradins. L'usage de l'araire et le recours aux animaux de labour se généralisent. Les cultures irriguées prennent le pas sur les cultures sèches. Les céréales se diversifient en s'adaptant mieux aux contraintes du milieu, à l'ensoleillement des versants, à l'altitude. La productivité augmente pour satisfaire aux besoins d'une population accrue. Les forêts reculent.

Dès cette époque et jusqu'à nos jours, le mode d'agriculture combine trois éléments, les cultures de céréales, l'élevage et l'exploitation forestière. Les champs secs ou irrigués sont fertilisés par un mélange de bouses et de feuilles en décomposition. Quand ils ne paissent pas dans les pâturages, les animaux se nourrissent des restes des récoltes et du fourrage collecté en forêt. On estime qu'un hectare de terre cultivée repose sur les ressources fournies par un à quatre hectares de forêt. Son usage a certes été modifié mais le domaine forestier reste au cœur du système qui permet au paysan himalayen de survivre, à condition qu'il sache en maintenir le fragile équilibre. Or ceci ne dépend pas toujours de lui.

Le gouvernement gorkhali encourage par des mesures de taxation privilégiée le défrichement de nouvelles terres, dans l'intention d'installer sa population de colons. En outre, l'exploitation des mines de fer et les énormes besoins de charbon pour forger les armes nécessaires à son expansion militaire déciment certaines forêts, aux abords de Katmandou en particulier. Seule la grande jungle du Téraï, au sud du pays, est conservée le plus dense possible comme une « muraille verte », d'ailleurs infestée de paludisme, contre les ambitions anglaises. Au XIXe siècle, l'État continue d'encourager la déforestation et de grandes quantités de bois sont exportées vers l'Inde pour la construction des chemins de fer. La couverture forestière du moyen pays se rétrécit dangereusement. Une émigration des paysans népalais vers l'est de l'Himalaya et l'Assam dès le début du XXe siècle signale que la conversion des forêts en terres arables a atteint un point au-delà duquel l'agriculture mixte caractéristique des collines himalayennes n'est plus viable.

LES INITIATIVES PAYSANNES

La déforestation n'est donc pas un phénomène récent comme l'ont cru trop vite les experts des années 1960, quand le Népal a commencé à s'ouvrir à une politique de développement et à l'aide étrangère. Ce manque de perspective historique en avait conduit certains à accuser les paysans d'être à l'origine d'une crise environnementale sans précédent. On pensait en particulier que la déforestation déstabilisait les versants et provoquait des glissements de terrain et des inondations en contrebas, dans la plaine indo-gangétique. Des études plus récentes montrent au contraire que les travaux de terrassement tentent justement de recouvrir les cicatrices de ces glissements de terrain et contribuent de façon générale à une meilleure stabilisation des pentes. Certains redoutent même que l'émigration accélérée des montagnards vers les villes des plaines prive ce milieu excessivement fragile de la force de travail nécessaire afin de contrôler l'érosion naturelle des sols.

L'homme d'ailleurs peut apparaître bien dérisoire au regard de ces montagnes jeunes, qui, à peine érigées, qu'elles sont soumises à une érosion d'une violence à la mesure même de celle qui les a fait naître. Rien ne résiste à certains orages de mousson, ni forêt ni terrasses patiemment construites. Des torrents de boue emportent tout sur leur passage.

Par ailleurs, les paysans trouvent progressivement d'autres solutions à leurs besoins en bois de chauffage et en fourrage. De plus en plus d'arbres sont plantés dans les aires cultivées et le paysage, autrefois ouvert sur des terrasses à l'infini, devient bocager, les cultures disparaissant derrière des haies arborées. Dans certaines régions où les paysans n'ont plus recours à la forêt, que celle-ci ait disparu ou qu'elle leur soit interdite, une maisonnée peut compter jusqu'à deux cents arbres d'essences différentes, qui suffisent à tous ses besoins. Avec une population qui double en moins de trente ans – le moyen pays népalais accueille la plus forte densité des populations de montagne du monde – sans compter l'immigration indienne illégale, l'ancienne agriculture mixte, qui s'appuyait largement sur les ressources forestières, doit se modifier. Les arbres demeurent au cœur du système de production même s'ils ne sont plus dans les forêts. Loin donc de se montrer ignorants ou irresponsables, les paysans himalayens ont su innover afin de tirer le meilleur parti possible des contraintes de leur environnement naturel et des conditions démographiques.

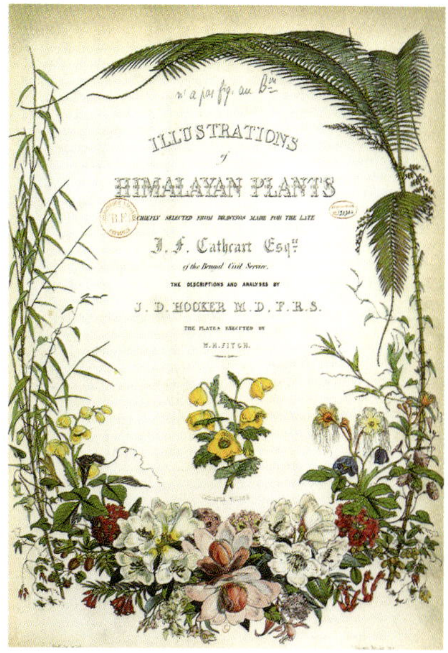

Page de titre ornée de trente plantes caractéristiques de la flore de l'Himalaya du Sikkim.

QU'EN EST-IL DE LA DÉFORESTATION ?

La comparaison de photographies prises à des époques différentes permet de répondre précisément à cette question. Il semble qu'en treize ans, de 1964 à 1977, la couverture forestière du moyen pays n'ait pas diminué de façon significative. Elle a même regagné du terrain dans certains cas. Cependant, la densité et donc la richesse et la diversité biologique de la forêt ont diminué.

C'est la jungle du Téraï qui a beaucoup souffert : la « muraille verte » n'a plus raison d'être maintenant que les frontières du pays sont fixées. Mais surtout, l'éradication du paludisme au début des années 1950 rend habitable le bas pays. Les colons affluent de l'Inde et aussi, plus récemment, des collines. Durant ces mêmes treize années, les pertes sont évaluées à 27,5 % de la couverture forestière du Téraï et à 10,2 % de celles des Siwalik. Les agriculteurs ne sont certes pas les seuls responsables de cette récession dramatique. La jungle est aux mains d'une mafia qui s'enrichit en exportant les grands arbres vers l'Inde. La « forêt verte » est pillée, souvent par ceux qui sont en charge de la protéger.

L'HOMME DANS LA NATURE

« *Au sud s'étend le Népal, un pays de rochers et de tonnerres,*
Si les indigènes avec leurs haches
Ne coupent pas le bienfaisant Santal
L'envahisseur Mon ne leur causera aucun mal.
Préserver les bois entre compatriotes
Revêt une grande importance. »

Ainsi chantait l'ascète tibétain Milarépa au XIe siècle, quand il quitte son ermitage et rencontre des villageois en chemin. Le bois de santal n'existe pas au Népal et la déforestation n'était sans doute pas d'actualité au XIe siècle, mais le poète rappelle dans ces vers la vertu religieuse, « talismanique » attachée à ce bois. Les hommes, assez ignorants ou aveuglés par l'appât du gain pour oublier cette vérité et couper les arbres, perdent leur intégrité et se rendent ainsi vulnérables aux envahisseurs. Il y a là matière à méditer sur la place de l'homme dans la nature. Dans les pays occidentaux confrontés à des problèmes d'environnement sans précédent, certains s'y sont attelés dans l'urgence. Les débats font fureur, les opinions s'échangent dans un va-et-vient infernal. Comme si les catégories qui organisaient nos discours existaient non seulement dans notre pensée mais aussi dans le monde concret, ou qu'elles étaient irrémédiablement séparées les unes des autres, immuables. Pourtant, que serait l'homme sans la nature et que serait la nature sans l'homme ?

A. S

« *Je suis Milarépa, le meilleur des yogis,*
Je suis celui qui pourchasse le visage des apparences
Celui qui accueille tous les souhaits.
Je suis un yogi sans opinions,
Celui qui ne s'empresse jamais, quoi qu'il advienne. »

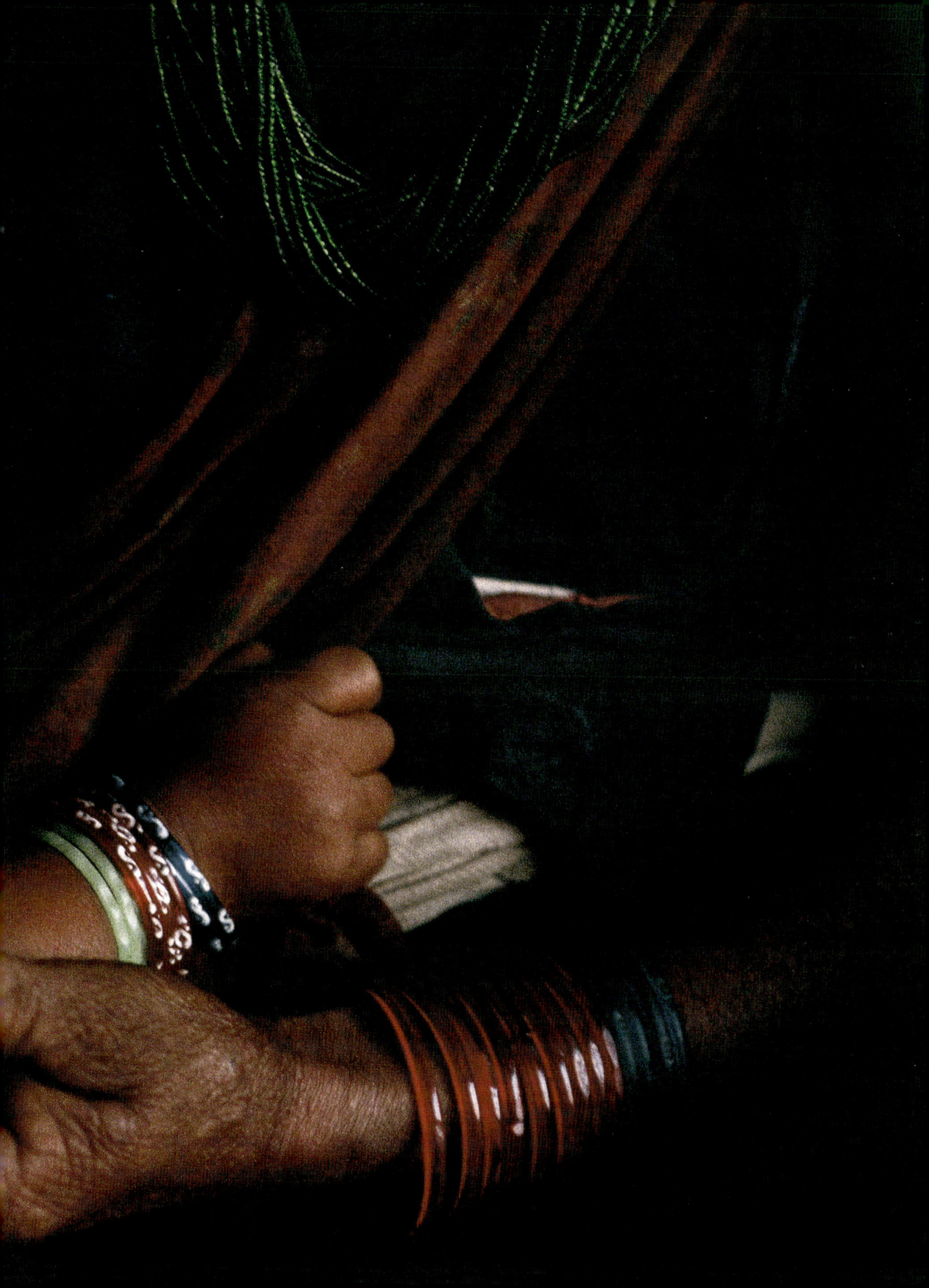

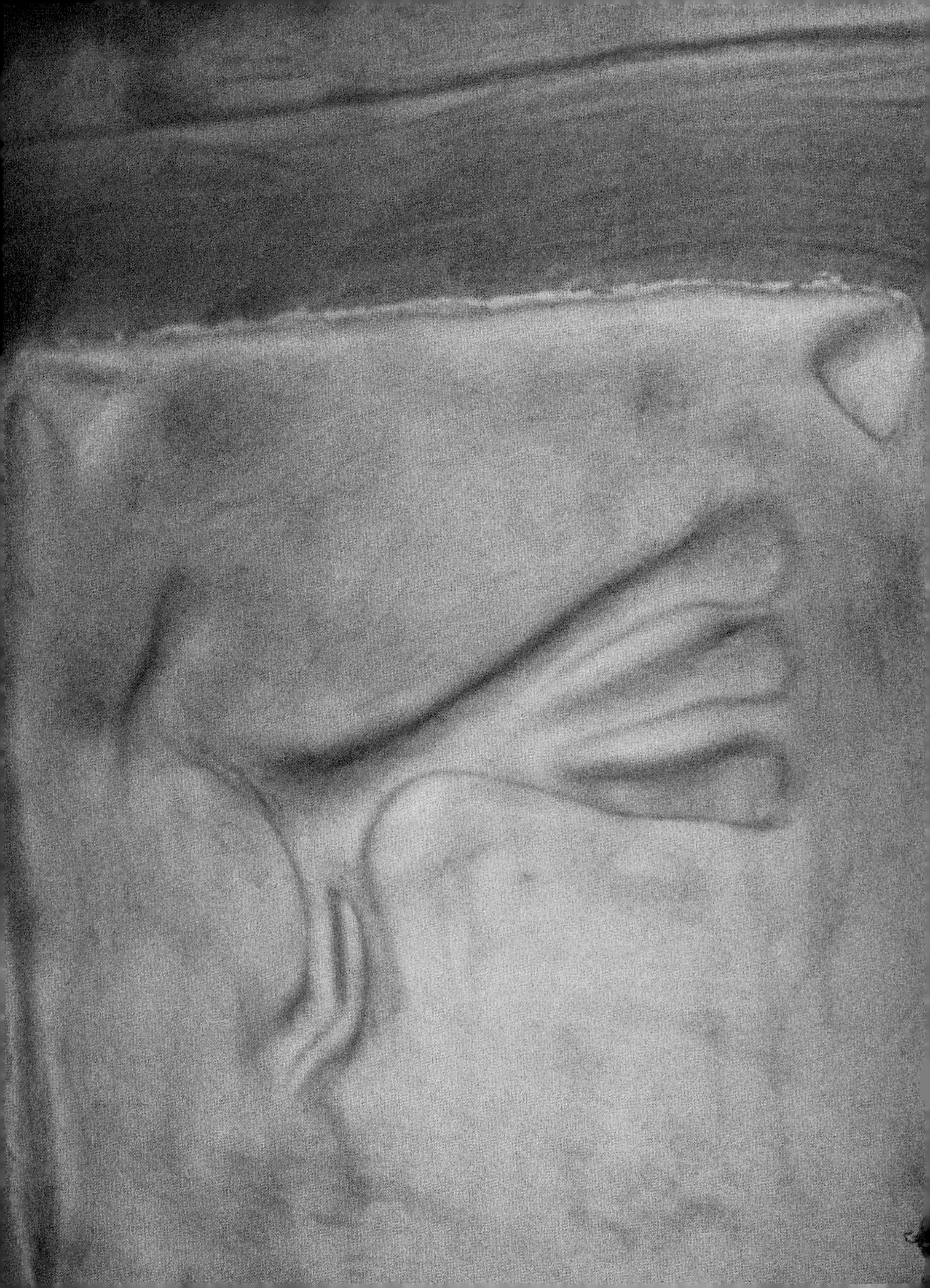

JIWAN OU LA VIE D'UN MONTAGNARD DÉSABUSÉ

Jiwan est né l'année 2032 du calendrier népalais, il y a tout juste vingt-cinq ans. Il se souvient que peu après la naissance de son frère, son grand-père l'a emmené dans leur résidence d'été, à plusieurs heures de marche du grand village. Son père était parti estiver les moutons en altitude, vers le Dolpo, et sa mère était trop occupée avec le nouveau-né et le sarclage des champs en cette saison. Et puis Jiwan se montrait si jaloux du bébé qu'il valait mieux l'éloigner. Le vieil homme gâtait le petit garçon en lui donnant du lait chaud et du miel. Ils dormaient tous les deux sous la même couverture. Dans la journée, ils gardaient les vaches et quelques chèvres. C'est alors que Jiwan apprit à écrire en retraçant avec un bâton dans la poussière les lettres qu'y avait fait apparaître son grand-père. Il n'était pas très habile à tuer les perdrix avec une fronde, mais écrire, ça oui, ça l'enchantait. Avant même la fin de la mousson, il commençait à déchiffrer le calendrier sous la tutelle de l'astrologue, leur voisin. Inutile d'être devin pour savoir que cet enfant-là n'aurait pas les mains calleuses d'un paysan.

Il fit donc des études. Les écoles se multipliaient dans le royaume à cette époque. Il alla à celle de son village les cinq premières années, puis devint interne dans le collège du chef-lieu du district jusqu'à la fin de sa scolarité, cinq ans plus tard. À l'âge de 15 ans, il était le plus jeune à obtenir son diplôme, et avec un très bon rang, mais seule la meilleure note aurait pu le faire bénéficier d'une bourse afin de poursuivre ses études à l'université. Son père avait payé les frais d'internat en vendant du haschich dans le bazar, mais il ne pouvait financer des études supérieures en ville, où tout est beaucoup plus cher.

Il n'y a pas beaucoup de moyens de gagner de l'argent dans ces collines quand on est paysan, comme plus de 90 % de la population, même si l'on ajoute aux cultures de céréales l'élevage d'un troupeau. La terre nourrit tout juste ceux qui la travaillent. La laine des moutons est en partie troquée contre du riz, en partie tissée à la maison. Les femmes en font des couvertures qu'elles vendent dans les foires des lieux de pèlerinage. Pour les jeunes villageois, ces foires éclairent le cœur de l'hiver, parce qu'ils s'y amusent en toute liberté, campent autour de grands feux, chantent et dansent. Mais ils n'y font pas fortune.

Pour cela, il faut entrer dans le commerce illégal du haschich. Le chanvre pousse à foison dans le moyen pays, aux alentours des champs cultivés. Jiwan revoit encore ses sœurs rouler entre leurs mains les feuilles odorantes jusqu'à en obtenir des briquettes denses, vert foncé. Leurs paumes embaumaient. Personne au village ne fume de cet étrange tabac qui rend fou, la marchandise est vendue à des intermédiaires, dans les villes-marchés de la plaine ou à Katmandou. En fait, ce sont eux, les intermédiaires, qui s'enrichissent, et ce commerce n'avait apporté qu'un appoint à la famille de Jiwan.

Puisqu'il n'irait pas à l'université, il partirait avec son père et le troupeau pour la transhumance d'hiver. Il suivrait le chemin des crêtes, où il fait toujours froid, afin que la toison des animaux soit épaisse et de bonne qualité. Il rentrerait au village au printemps avec les moutons chargés de grains et de sel. Il participerait alors aux fêtes où dansent les jeunes gens pour faire tomber la pluie, et puis il se marierait avec sa cousine, comme le veut la coutume au sein de sa

Dolpo, 1991. Jeune caravanier Dolpo-pa revêtu d'une veste de l'armée chinoise.

communauté. Il s'établirait dans une maison à toit-terrasse, à côté de son père et de ses oncles, sa véranda construite dans le prolongement de la leur.

Ou bien, au contraire, ira-t-il bâtir sa maison en bordure du village dans l'espoir de s'isoler un peu de l'agglomération compacte qui grouille parfois comme une ruche ? En contrebas des champs, la rivière brille et serpente à travers les collines. Il la suit des yeux tandis qu'elle s'enfuit et l'entraîne avec elle. Il sait que toutes les rivières mènent au Gange et que le Gange débouche sur l'océan et que l'océan ouvre sur un monde auquel, c'est décidé, il ne renoncera pas. Si les études lui sont interdites, eh bien, il voyagera, il ira gagner de l'argent à l'étranger et reviendra au village suivi d'une caravane de porteurs chargés de tout ce qui manque ici, radios, montres, chaussures de sport…

Rujidan, son cousin, a bien travaillé en Allemagne « en se cachant », pendant trois ans, dans les coulisses d'une laverie automatique. Avec les salaires de la première année, il avait remboursé les dettes contractées auprès des siens afin de payer l'intermédiaire népalais qui lui avait fourni un visa et un travail à Francfort. Par la suite, un autre intermédiaire, un homme d'affaires de la vallée de Katmandou, s'était chargé de rapatrier au Népal les sommes épargnées. Il passait par Hong-Kong où il investissait l'argent dans un commerce quelconque avant de rembourser la famille du travailleur clandestin. Rujidan était parti maigre et sombre, il est revenu gras et rose, comme un cochon. Il paraît qu'en vivant parmi les Blancs, on finit par leur ressembler.

Jiwan rêve ainsi quelques années tandis qu'il seconde son père lors de la transhumance. Il rêve en regardant l'« horizon bleu des collines », en parcourant au rythme de ses animaux « ce pays resté coupé du monde, hors du temps ». Il avait lu ces expressions en anglais dans un guide du Népal qu'un touriste avait abandonné en chemin. Inlassablement, il traduisait le texte mot à mot, à l'aide d'un petit dictionnaire qu'il s'était procuré auprès d'un ancien soldat de l'armée britannique. D'abord admiratif des dons de son fils, le père s'inquiéta de le voir ainsi, à tout moment, le nez dans ce livret ou bien absorbé par la lecture du dictionnaire. Et il ne fut qu'à moitié surpris quand Jiwan lui fit part de son projet de partir travailler à l'étranger. Mais il fallait payer l'intermédiaire, celui sans qui on ne peut obtenir ni visa, ni travail. Les sommes exigées sont fabuleuses, une vie ne suffirait pas à les épargner : cent mille roupies, ou environ dix mille francs, pour aller travailler dans les Émirats arabes, mais la chaleur y est infernale et les salaires ne sont guère élevés ; deux ou trois cent mille pour l'Europe, quatre cent mille pour le Japon, six cent mille pour les États-Unis.

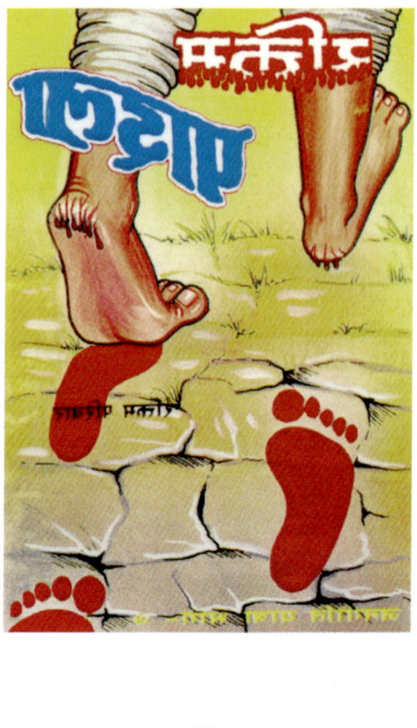

Iconographie maoïste.

Iconographie maoïste.

Son père finit par accepter de vendre son troupeau, sa mère mit en dépôt ses bijoux en or et Rujidan avança la somme restante afin que Jiwan parte en Allemagne. Il quitte son village à l'aube, il a le cœur serré. Il ne se retourne pas mais il peut imaginer les fumées des premiers feux s'élever des maisons dans une brume bleutée. En passant le quartier des forgerons, un peu à l'écart, il entend le marteau frapper l'enclume et puis les aboiements familiers s'estompent et il n'entend plus que son propre souffle. Vers le soir il quitte le territoire de son « pays » austère, où l'on parle sa langue tibéto-birmane, pour entrer dans le monde bigarré de la nation népalaise. Il s'arrête dans une auberge pour la nuit et boit un thé sucré en mangeant les pains frits préparés par ses sœurs. Il regarde autour de lui la bourgade animée, les tissus multicolores et les ustensiles en plastique, autant de promesses d'une nouvelle vie. De l'échoppe du réparateur de radios montent des grésillements insistants d'où se dégage enfin la voix du présentateur des nouvelles nationales. Sur un ton uniforme, il annonce que le temps sera beau sur l'ensemble du royaume, que Sa Majesté le roi est rentrée d'un voyage en Europe et que le Front populaire de libération a déclaré « la guerre du peuple ».

Nous sommes le 16 février 1996. Des raids ont été lancés contre des postes de police à Haleri et Athbiskot dans les districts de l'Ouest que Jiwan est en train de traverser. Les lignes téléphoniques sont coupées et un temple a été incendié. Il n'y a pas de morts mais le mouvement révolutionnaire qui revendique ces actions menace de les multiplier à l'avenir.

Dès le début des années 1990, Jiwan avait rencontré des groupes de militants venus des villes du Sud afin de mobiliser les campagnes contre l'« exploitation féodale des paysans par les grands propriétaires ». La tête ceinte d'un foulard rouge, ils portaient chacun un bâton de marche qu'ils maniaient parfois de façon agressive. On comprenait que leur discours basculerait vite dans l'action. Leur propagande n'emporta pas tout de suite l'adhésion des villageois. Tous étaient pauvres, certes, mais ils étaient propriétaires de leurs terres, personne ne les leur disputait. Ils ne se retrouvaient pas vraiment dans l'image que leur proposaient ces jeunes gens venus des villes, des étudiants qui ne parlaient que le népali.

Mais après leur passage, les discussions allaient bon train au village. D'ailleurs, depuis le soulèvement populaire en 1990 et la libéralisation des partis politiques, les anciens regroupements claniques qui, traditionnellement, influençaient la vie de la communauté, s'étaient rassemblés autour de nouvelles étiquettes qui les rattachaient aux grands partis nationaux. Les positions s'étaient durcies. Tout était devenu politique. Les maoïstes avaient remporté un certain succès aux élections législatives de 1991, qui s'étaient déroulées pour la première fois au suffrage universel. Leur présence s'était confirmée lors des municipales qui avaient suivi. Une guerre de partis s'était vite installée, le Congrès au pouvoir essayant par tous les moyens d'éradiquer cette zone de l'opposition révolutionnaire qui s'y enracinait. Des crimes avaient été commis. De leur côté, les maoïstes recouraient de plus en plus aux menaces puis aux violences, parfois d'une cruauté qui se voulait spectaculaire. Les plus âgés au village disaient que le pays était entré dans l'âge obscur qui annonce la fin des temps, tandis que certains parmi les plus jeunes parlaient de se battre pour retrouver l'âge d'or, où tout le monde vivrait dans l'égalité et l'abondance.

Après quatre jours de marche et encore une journée de bus, Jiwan était à Katmandou. Il faut beaucoup moins de temps pour atteindre Francfort. Mais là, pour lui et ses quatre camarades d'infortune, l'aventure se transforme en cauchemar. Ils sont partis avec l'assurance qu'un intermédiaire les accueillerait à l'aéroport et les guiderait dans les formalités. Ils devaient ensuite être conduits sur leur lieu de travail. Mais personne ne les attend et les autorités allemandes les renvoient à Katmandou par le vol suivant, sans autre forme de procès. Ils ont tout perdu, l'argent des leurs, l'espoir de pouvoir les rembourser un jour et enfin leur honneur. Faut-il préciser qu'ils n'ont pas retrouvé l'escroc qui leur avait habilement fourni un billet d'avion pour trois fois son prix ?

Encore sous le choc, Jiwan déambule sans but dans les rues de Katmandou. Il traîne dans New Road où les boutiques à touche-touche exposent les marchandises importées. Il s'arrête pour lire sans les acheter les journaux que les marchands disposent sous un large figuier centenaire. En lisant certains articles, le désarroi qui l'avait d'abord anéanti fait place à un sentiment de colère qui se précise et l'habite peu à peu tout entier. Jiwan y puise un regain d'énergie. Il n'est pas le seul à avoir été berné, tous les pauvres le sont chaque jour par les riches corrompus qui s'approprient les richesses du pays. Ce pays qu'ils affirment vouloir développer mais qu'ils maintiennent « hors du temps, hors du monde », comme il se souvient l'avoir lu dans le guide touristique. Mais cette fois, avec le journal qu'il est en train de lire, Jiwan se révolte contre cette image.

Pourquoi n'y a-t-il toujours pas d'électricité dans son village en dépit de multiples promesses ? Pourquoi faut-il marcher plusieurs jours avant de trouver un hôpital et pourquoi les dispensaires sont-ils tous aux mains de charlatans ? Certains paysans de sa région ont planté des pommiers dans l'espoir que la vente des fruits leur rapporterait de l'argent liquide. Mais la route prévue qui permettrait de transporter les récoltes vers les marchés de la plaine reste indéfiniment à l'état de projet. Faut-il laisser son cher village s'étioler à l'écart du monde et accepter soi-même d'y dépérir ? Jiwan veut se battre.

Il ne tarde pas à fréquenter un de ces groupes révolutionnaires, qui se réclament du maoïsme orthodoxe et qui s'inscrivent dans un mouvement international basé aux États-Unis et en Grande-Bretagne. Il y côtoie des membres de toutes les castes. Le chef en est un brahmane, mais il a abandonné les prérogatives associées à son statut pur dans l'idéologie hindoue, qu'il rejette. C'est un « guérillero ». Il a déjà tué des hommes. Quand il parle, Jiwan se sent plein de fougue et d'excitation. Il n'a plus peur de rien, convaincu que son action est juste. On l'envoie se battre au centre du pays où les rebelles peuvent facilement se replier dans la forêt. Et c'est là que nous l'y laisserons.

Des fins à cette vie imaginée, les journaux nous en fournissent presque tous les jours. Jiwan a peut-être été blessé et fait prisonnier lors de l'attaque d'un poste de police. Ou bien il a lui aussi tué des hommes, en devenant un guérillero, tout à son terrible projet de faire naître l'« homme des temps nouveaux ». Mais alors, qu'a-t-il pensé, le fusil à la main et le visage encagoulé, lui que son père avait appelé Jiwan, « la vie » ?

A. S

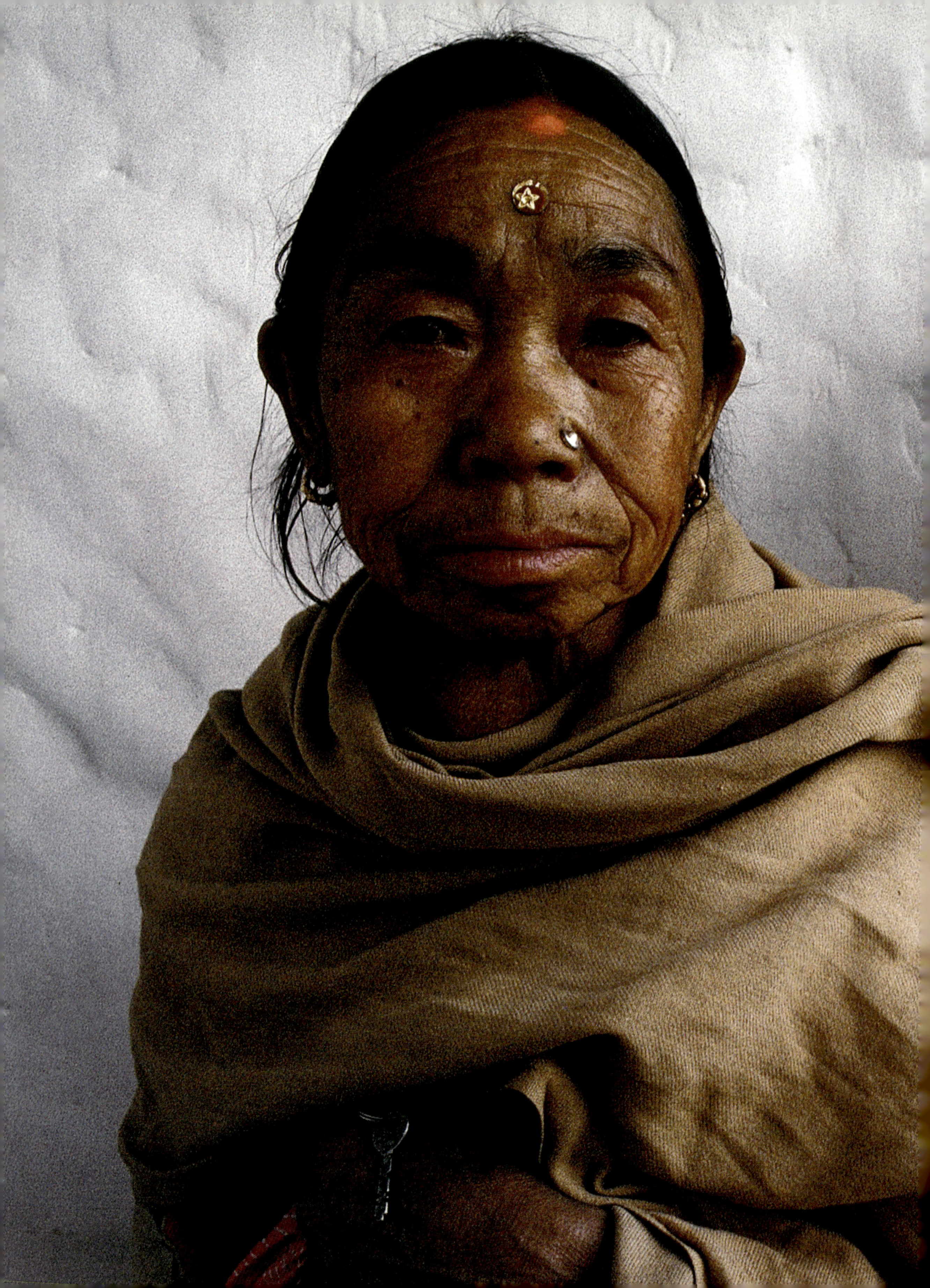

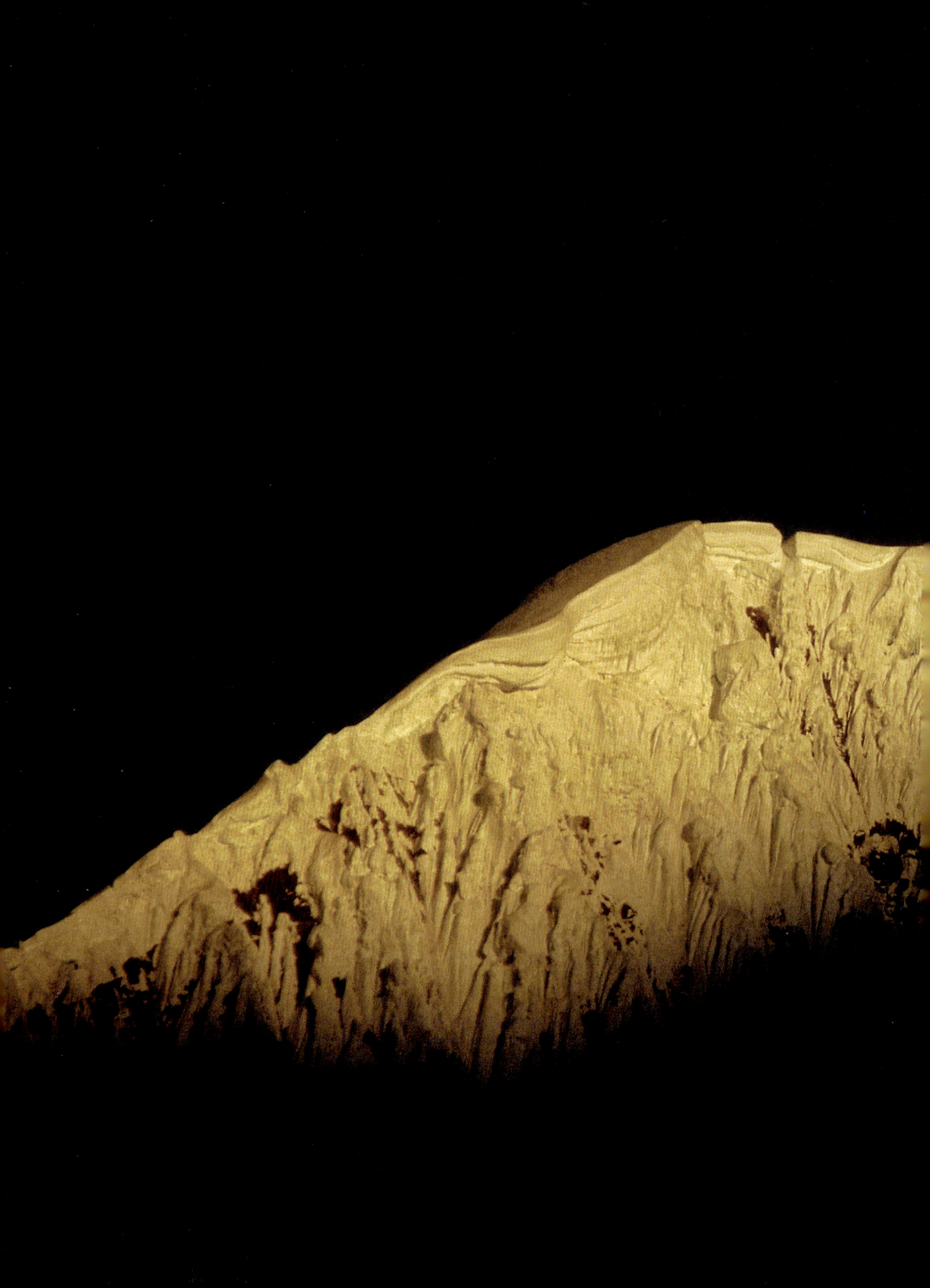

LE NÉPAL
ET L'OCCIDENT

Un jour de l'année 1654, le roi de Katmandou, Pratap Malla, fit graver sur la façade de son palais quelques mots dans chacune des quinze écritures dont il avait appris l'existence. Les caractères se suivent en une liste ininterrompue, sans égard pour les mots qu'ils composent. Le regard du lecteur européen vagabonde un moment au fil de ces lettres inconnues, qui apparaissent comme les notes d'une cacophonie visuelle quand, soudain, surgit l'alphabet familier, et il peut lire : « *autom ne winterlhivert* », automne, winter, l'hiver. La césure hasardeuse des syllabes qui interrompt le terme automne et l'association du mot hiver, d'abord en anglais puis en français, ajoutent à la poésie involontaire de cette première trace écrite d'un contact entre le royaume hindou et l'Europe. Comme en gage du titre que Pratap Malla s'était donné, « Prince des poètes » (*kavindra*).

En réalité, aucun Européen n'est encore, semble-t-il, passé par la vallée et l'origine de ces mots est attribuée à des marchands arméniens, courtiers entre l'Occident et la Haute Asie. Quelques années plus tard, en 1662, deux pères jésuites de retour vers Rome en provenance de Pékin ont traversé le Népal, suivis par le Français Tavernier, engagé dans le commerce entre l'Inde et le Tibet. Le bouddhisme apparaît à ces premiers visiteurs européens comme une religion démoniaque pratiquée par les populations montagnardes qu'ils rencontrent en chemin. Le dalaï-lama revêtait à leurs yeux les traits de l'Antéchrist. Les ressemblances entre les liturgies bouddhiste et catholique sont interprétées comme une singerie des rites chrétiens inspirée par le diable. Au début du XVIIIe siècle, le Saint-Siège confie aux Capucins, rivaux des Jésuites, la propagation de la foi en terre himalayenne. Ils s'illustrent en brûlant quelques milliers de manuscrits népalais avant d'être expulsés du pays par Prithvi Narayan, au lendemain de sa conquête de la vallée en 1769.

INDÉPENDANCE ET CURIOSITÉ

Pendant les deux siècles qui suivent, le Népal veille avec vigilance à son indépendance et ne laisse pénétrer sur son territoire que de très rares visiteurs officiels maintenus sous une étroite surveillance. La guerre que les Britanniques livrent aux Népalais en 1814 au sujet des frontières du Téraï, dans le sud du pays, montre à l'évidence l'énorme supériorité militaire des occupants coloniaux. Elle se solde par le traité de Segauli en 1816 et d'importantes pertes territoriales pour le royaume hindou. Les dirigeants népalais sont alors particulièrement attentifs à rassurer les Britanniques sur leurs bonnes intentions, afin de les tenir à l'écart de leurs propres affaires. C'est en particulier la politique menée par le Premier ministre, Jang Bahadur Rana.

Il n'a que 24 ans quand, à la tête d'une faction au sein du palais, il fait supprimer en une nuit 134 personnages importants du régime afin de régner sans partage. La fonction de Premier ministre devient héréditaire et la dynastie Rana supplante celle de Gorkha, même si le roi demeure sur le trône pour la forme. Jang veille avec plus de sévérité que ses prédécesseurs à ce que toutes les populations népalaises, de confessions pourtant si diverses, respectent la religion hindoue, le Dharma. Pourtant, s'il maintient son pays isolé du reste du monde, il est aussi curieux qu'audacieux et part visiter l'Europe en 1850.

Jang Bahadur
et sa femme.

La théocratie tibétaine vue par les missionnaires est dominée par des dieux « diaboliques » et le dalaï-lama.

JANG BAHADUR RANA EN EUROPE

Il est le premier prince hindou à traverser l'océan, transgressant cette loi brahmanique qu'il impose par ailleurs avec tant de sévérité. Le récit de son voyage rédigé par un compagnon, peut-être son secrétaire, offre une certaine vision de l'Europe, sorte de contrepartie des témoignages sur le Népal qu'ont laissés les fonctionnaires britanniques en poste à Katmandou, Kirkpatrick, Hodgson, Hamilton et les autres. Sous la plume népalaise, Londres et Paris prennent l'allure de pays de cocagne, où règnent l'abondance, la propreté, l'ordre et où les femmes à la peau blanche, richement parées, sont autant d'apsaras, ces déesses qui forment la suite des dieux.

Jang est plusieurs fois reçu par la reine Victoria, avec tous les égards dus à son rang. Cependant les réceptions se déroulent avec une aisance informelle surprenante aux yeux de l'Asiatique habitué à des rites strictement codifiés où chacun veille à son statut. Ainsi la reine lui offre en toute simplicité un fruit que son respect pour elle l'empêche, pourtant, de consommer en sa présence. Plus tard à Paris, le président Louis-Napoléon se lève de son siège en l'apercevant et l'accueille en lui serrant la main, sans plus de façons. En revanche l'ordre, à la fois social et cosmique, régi au Népal par des rites complexes qui jalonnent la vie quotidienne semble en Europe l'être par l'horloge :

« S'habiller, manger, respecter ses rendez-vous, dormir, se lever ou sortir – tout est gouverné par l'horloge. Tout le monde a une montre. Il y a des horloges sur les murs à l'intérieur et quelquefois placées à l'extérieur sur les murs des églises. Où que l'on regarde ici il y a une horloge. »

Plus d'une fois l'obsession occidentale de ponctualité aura mis en défaut la délégation népalaise. En retour, l'intransigeance, que Jang montre dans le choix des animaux, consommables ou pas, fait la Une des journaux de l'époque :

« [...] ni Paris ni la banlieue n'ont fourni la sorte d'animal qu'il conviendrait d'immoler selon les prescriptions de la religion hindoue. L'ambassadeur [Jang] demanda un cerf gras de un à trois ans, mais ne put l'obtenir. On lui apporta plusieurs femelles qui ne firent pas l'affaire [...] Leur mode de vie est très particulier. Il doit y avoir [à l'hôtel] autant de chambres qu'il y a de personnes car chacun doit manger seul [...] » (*La Presse*, 25 août 1850).

Au-delà des anecdotes qui se multiplient au contact de deux civilisations, Jang rapporte de son voyage une vision des institutions françaises et britanniques qui inspire un certain assouplissement de son régime. Émerge aussi peu à peu une esthétique nourrie de souvenirs européens, particulière aux Rana et confinée à la vallée de Katmandou. Dans les palais que font ériger les princes, les corniches sont chargées de stucs aux allures vénitiennes. Les femmes affichent leur modernité en portant les cheveux courts et déambulent dans les corridors de marbre en fumant avec élégance. Dans les campagnes, ce sont les Gurkhas qui commencent à parler à leurs congénères de ces pays, au-delà des frontières du royaume, où ils sont partis se battre sous d'autres bannières que les leurs.

QUI SONT LES GURKHAS ?

« Les Gurkhas sont courageux et même téméraires... fidèles envers leurs officiers... de terribles petits combattants, [avec leur] redoutable arme nationale, le *khoukri* [...]. Les Népalais sont fiers et indépendants, sachant maintenir leur liberté politique à travers les siècles...

Tandis qu'ils se battent avec férocité [...] les Gurkhas savent se montrer généreux et courtois [...] » (*Empire Annual for Boys*, 1917, cité *in* Caplan, 1995, p. 7).

Ainsi s'est construite dans la littérature militaire de la période coloniale l'image des soldats népalais engagés dans l'armée indienne sous commandement britannique. Ils sont recrutés principalement parmi les groupes ethniques du moyen pays, les Magar et les Gurung au centre, les Rai et les Limbu à l'est. Leur nom est dérivé de celui de la dynastie hindoue qui a fondé le royaume du Népal, en soumettant les populations locales. Par une de ces ironies de l'histoire, les Gurkhas en sont venus à représenter aux yeux des étrangers les descendants des guerriers de Gorkha, ceux-là mêmes qui, pourtant, dans la réalité, les avaient conquis deux siècles auparavant.

Les Britanniques avaient remarqué la bravoure et l'endurance de ces montagnards auxquels ils s'étaient opposés lors de la guerre anglo-népalaise de 1814-1816. Ils n'avaient eu de cesse depuis lors de vouloir grossir les rangs de leur armée avec ces soldats aguerris. Les avantages économiques que ces recrutements représentaient pour les villageois des collines ont fini par avoir gain de cause auprès des dirigeants népalais, qui ont longtemps opposé une farouche réticence à laisser partir les forces vives de leur pays, et cela en dépit de la propagande britannique, soucieuse de proclamer haut et fort l'entente entre les deux gouvernements.

Pendant les deux guerres mondiales, le recours aux forces népalaises augmenta considérablement puisque 200 000 Gurkhas ont combattu en 14-18 et jusqu'à 250 000 en 39-45. Leur héroïsme et leur esprit de sacrifice ont été maintes fois loués, même si cette morale épique n'est plus de notre époque. Il n'est pas sûr non plus qu'elle soit dans l'esprit du vétéran arborant aujourd'hui devant le photographe la médaille que lui a value son exploit passé. Plus proche du chasseur qu'il était dans son enfance et qu'il peut redevenir à son retour au village, il présente son trophée, seul témoignage d'un succès dont il est l'humble instrument entre des mains divines ou même celles du hasard.

Outre les médailles, les Gurkhas rapportent de leurs voyages d'autres habitudes, d'autres ambitions et ils sont devenus d'importants vecteurs de changements. Sous le porche d'où ils peuvent voir leurs collines natales moutonner à l'infini, ils ont accroché des photos des capitales visitées un peu partout sur la planète. Ils ont été les premiers à introduire, au cœur de l'Himalaya, un puissant réseau virtuel qui, ignorant la barrière des montagnes, relie des mondes que l'on aurait pu croire jusqu'alors aux antipodes les uns des autres.

KATMANDOU 2001

Quand, après le rétablissement de la dynastie Gorkha au pouvoir au début des années 1950, le Népal s'est progressivement ouvert au monde extérieur, Katmandou est devenue une destination mythique pour les jeunes Occidentaux, un passage obligé, presque initiatique. Leurs ancêtres étaient venus en Asie convertir les populations locales à la foi chrétienne, s'enrichir en ouvrant de nouvelles routes commerciales, et finalement gouverner ailleurs que chez eux. Les nouvelles

Jang Bahadur regarde sa montre à gousset rapportée de son voyage en Europe.

générations marchaient à présent sur les chemins de Katmandou, en quête d'une alternative à leur propre civilisation. Comme l'écrit non sans verve un observateur des années 1970, « les Européens ne se demandent plus les uns aux autres, êtes-vous catholique ou protestant ? – êtes-vous monarchiste ou républicain ? mais plutôt êtes-vous pour la Croissance économique ou pour Katmandou ? ».

L'image de cette ville condense alors une nébuleuse de choix possibles, de remèdes au malaise de la civilisation occidentale. Tandis que sciences et techniques progressent implacablement dans une petite partie du monde prospère, les individus perdent pied devant l'irrationnel, le subjectif, et remettent en cause le sacro-saint dualisme entre le corps et l'esprit. La conjoncture politique met alors sur leur chemin les maîtres bouddhistes contraints de fuir leur Tibet natal devant la répression chinoise à partir de 1959. Les lamas poursuivent dans l'exil leur destin d'instructeurs spirituels auprès de ces nouveaux disciples venus de l'Ouest. Parmi ces derniers, certains s'attachent à traduire les textes religieux qu'ils savent mettre à la portée des lecteurs occidentaux encore peu familiers, il y a trente ans, de cette religion bouddhiste qui rencontre à présent tant d'engouement. On mesure le chemin parcouru depuis l'époque où le dalaï-lama faisait figure d'Antéchrist !

Mais l'histoire se poursuit et là où les Capucins ont échoué au XVIIIe siècle, les missionnaires, protestants pour la plupart, réussissent aujourd'hui. Dans les dix dernières années, les églises se sont multipliées à Katmandou et des villages entiers dans les collines, où se concentrent les populations tribales, se sont convertis au christianisme. Le souci pragmatique d'améliorer son existence ici-bas joue un rôle non négligeable à l'origine de cet engagement spectaculaire dans une voie religieuse nouvelle. Après tout, la religion chrétienne ne serait-elle pas le chemin le plus court dans l'esprit du montagnard népalais pour atteindre le bien-être des Occidentaux qui la pratiquent ?

Alors même que nous n'acceptons plus la notion de progrès économique sans une réserve grandissante, les habitants de ce petit royaume s'engouffrent sans hésiter dans la voie dont nos journaux disent à longueur de colonnes les conséquences néfastes sur l'environnement et la justice sociale. Nous nous tournons vers l'Himalaya dans l'espoir toujours renouvelé de nous ressourcer, d'exercer notre liberté dans ce nouvel espace, tandis que les jeunes Népalais, eux, veulent s'échapper de leur cercle de montagnes. En moins de cinq ans les cyber-cafés se sont multipliés à Katmandou et pour une roupie (à peine 10 centimes) la minute, la *e. generation* peut surfer sur Internet à chaque coin de rue. Tandis que ces jeunes gens se lancent avec avidité dans l'exploration de l'espace cybernétique dans le quartier de Thamel, le choc des cymbales et le rugissement des trompes, sur la colline de Swayambhunath qui domine la ville, font résonner un autre espace, cet espace psychique que n'ont cessé d'explorer depuis des millénaires les maîtres religieux de l'Himalaya.

L'ammonite que vous teniez au creux de votre main au début de ce livre, le dévot de Vishnu la tient au creux de la sienne devant l'autel du dieu resplendissant, le sauveur bienveillant que l'on adore sans le craindre, en le priant d'exaucer son souhait. Votre prière à vous n'a pas d'objet, la pierre vous donne juste le poids qu'il faut pour vous sentir là, un instant, présent au monde.

A. S

0 200 km
AFGHANISTAN
PAKISTAN
CHINE
INDE
NÉPAL
BHOUTAN
BANGLADESH
MYANMAR
HIMALAYA
KARAKORAM
KUNLUN
SHAN
HOH XIL SHAN
TANGGULA SHAN
NGANGLONG KANGRI
GANDGISE SHAN
NYAINQENTANGLHA
PLATEAU DU TIBET
XIZANG (TIBET)
XINJIANG OUIGOUR
QINGHAI
AKSAI CHIN
BALISTAN
JAMMU ET CACHEMIRE
HIMACHAL PRADESH
KANGRA
PENDJAB
CHANDIGARH
HARYANA
DELHI
RAJASTHAN
UTTAR PRADESH
MADHYA PRADESH
GUJERAT
BIHAR
BENGALE OCCIDENTAL
ORISSA
SIKKIM
ASSAM
ARUNACHAL PRADESH
MEGHALAYA
NAGALAND
MANIPUR
TRIPURA
MIZORAM
DÉSERT DE THAR
DOLPO
MAHABHARAT
MONTS
GOLFE DU BENGALE
Islamabad
Rawalpindi
Srinagar
Dharamsala
Kulu
Simla
Lahore
Amritsar
Dehradun
Delhi
New Delhi
Moradabad
Jaipur
Lucknow
Kanpur
Allahabad
Varanasi (Bénarès)
Patna
Jhansi
Bhopal
Jabalpur
Indore
Calcutta
Dacca
Agartala
Aizawl
Chittagong
Dispur
Shillong
Imphal
Itanagar
Thimbu
Gangtok
Katmandou
Patan
Gorkha
Hatia
Mugu
Jumla
Dailekh
Surkhet
Mustang
Muktinath
Lhassa
Banggong Co
Gozha Co
Margai Caka
Dogai Coring
Siling Co
Bam Co
Nam Co
Ngangla Ringco
Tangra Yumco
Ngangze Co
Mapam Yumco
8611 K2
8126 Nanga Parbat
7817 Nanda Devi
8172 Dhaulagiri
8078 Annapurna
8156 Manaslu
8153 Cho Oyu
8850 Mt Everest
8481 Makalu
8598 Kanchenjunga
Indus
Jhelum
Chenab
Sutlej
Gange
Yamuna
Chambal
Gomati
Ghaghara
Son
Narmad
Humla
Karnali
Arun
Sun Kosi
Brahmapoutre
(Tsangpo)
ASIE
OCÉAN PACIFIQUE
OCÉAN INDIEN

LÉGENDES

p. 17 Ouest du Népal, 1991. Nanda Lal, l'un des chefs des caravanes qui sillonnent cette région, troquant le sel contre des céréales et des haricots rouges. Originaire de la vallée de Chaudabisé, il appartient à la caste des Chétri. Au moulin à eau, il moud le blé transporté par ses animaux dans les *lougal*, doubles sacs de laine et de cuir très résistants.

p. 18-19 Nord-ouest du Népal, village bhotia, juillet 1977. Les hautes vallées de l'Himalaya constituent l'habitat privilégié des populations d'origine tibétaine, appelées Bhotia. Dans cette région de moyenne altitude (2 500 mètres) où les maisons sont en pierres sèches et les toits en bambou tressé, les Bhotia ont dû s'adapter à d'autres conditions climatiques que celles de leur terre d'origine.

p. 20-21 Nord-est du Népal, 1978. Lama Tinlé Wangchouk lors d'une cérémonie d'exorcisme. Son costume de brocart vient du Tibet. Il pratique un bouddhisme teinté de croyances animistes. Les paysans de la région n'hésitent pas à parcourir deux jours de marche pour consulter ce grand lama.

p. 22-23 Nord-est du Népal, 1979. Une femme retourne la terre et brûle les herbes sèches avant les labours.

p. 24-25 Nord du Dolpo, monastère de Mékim, 1991. Ma première rencontre avec celui qui allait devenir un grand ami (et qui inspira son rôle dans le film *Himalaya, l'enfance d'un chef*) : Norbu. Son père, sur les genoux duquel s'est endormi un de ses petits-fils, lit la biographie de Milarépa, le célèbre ascète tibétain, que l'artiste est en train d'illustrer. Cette famille, originaire de la province du Kham au Tibet, est composée de lamas-peintres depuis quatre générations. Certaines cérémonies nécessitant la présence de divinités peintes, Norbu travaille sur commande. Au premier plan, le thé beurré et salé tenu au chaud sur un brasero. Pour exécuter cette *thangka*, (peinture religieuse), Norbu s'inspire d'un carnet de croquis du XVe siècle.

p. 26 Dolpo, vallée de Tarap, 4 000 mètres d'altitude, 1990. Près de l'âtre, dans le rayon de soleil tombé du conduit de cheminée, Cheuki file la laine de ses moutons. Mariée à deux frères, elle ne peut avoir d'enfant. Le troisième frère, habitant un village voisin, leur a offert une de ses filles. Sur les terres les plus inhospitalières du globe, la polyandrie (*sa soum*, « manger à trois » en tibétain) permettant à une famille de mener plusieurs activités de front, améliore les conditions de vie. Les rôles s'organisent : l'un des maris part au Tibet chercher le sel, l'autre, dans les hauts pâturages, s'occupe des jeunes yaks tandis que la femme, au village, se charge des travaux des champs.

p. 27 Nord du Dolpo, village de Shimen, 1992. Le lama Reuzen Tsultrim pose avec son attirail. Dans le grand étui rond, le *damarou*, tambour à deux faces : dans l'étui conique, la cloche : autour du cou, le chapelet aux 108 grains. Ces populations pauvres ne pouvant subvenir aux besoins de leurs prêtres, chaque lama Nyingmapa est à la fois chef religieux, père de famille, paysan et commerçant.

p. 28-29 Nord du Dolpo, village de Charka, 1984. Véritable forteresse au confluent de deux torrents, dans la vallée de Barbung, le village de Charka est localisé à 4 200 mètres d'altitude, sur le replat d'une ancienne terrasse alluviale. À cette altitude, seule l'orge est cultivée. En cinq mois doivent se dérouler toutes les phases de l'activité agricole. En bordure de la rivière, des murets de pierres retiennent les sédiments des dernières crues et permettront la pousse d'herbe à pâturer, voire celle de cultures.

p. 30-31 Ouest du Népal, au pied de Balou Lekh (mont de l'Ours), 1991. Nanda Lal a tendu son métier à tisser. Les couvertures de laine feutrée qu'il confectionne seront, elles aussi, échangées en chemin. (Voir p. 17).

p. 32-33 Ouest du Dolpo, 4 500 mètres d'altitude, été 1981. Une vieille femme et sa bru traient les *dris* (femelles yaks) estivant près de Samling. Les mâles, plus robustes, sont partis au nord pour ramener le sel des lacs du Tibet.

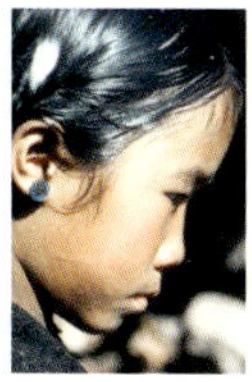
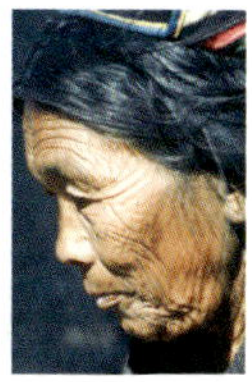

p. 34 et 39 Nord-est du Népal, 1979. Petite fille bhotia et sa grand-mère.

p. 35 à 38 Vallée de Chaudabisé, village de Talphi, berceau de Nanda Lal. Sous-exploitée jusqu'à la fin du XIXe siècle, cette vallée particulièrement propice à l'agriculture, est aujourd'hui le grenier à céréales de la région. On y cultive du riz, du maïs, du blé ainsi que des pommes de terre. Les canaux d'irrigation sont alimentés par de petits torrents dont l'eau provient essentiellement de la fonte des neiges. (Voir p. 17, 30, 31).

p. 40-41 Nord du Dolpo, 4 000 mètres d'altitude, 1991. Labrang Tundrup, *amchi* (médecin) du village de Saldang.

p. 42-43 Nord du Dolpo, village de Saldang, 1991. Neiges de printemps après les semailles de l'orge en mai. Au-dessus de la limite de la végétation, l'homme, à force de travail et d'ingéniosité, parvient à faire pousser l'orge jusqu'à 4 300 mètres d'altitude.

p. 44-45 Nord-est du Népal, 1977. Lama battant le tambour sous le porche d'une maison lors d'une cérémonie funéraire. Le défunt, assis en lotus avant la crémation, est encore à l'intérieur.

p. 46 Nord-est du Népal, 1980. Pindzo, sa femme et leurs chats devant leur maison isolée dans la forêt qui borde la frontière du Tibet. Ce couple échange bois de construction, introuvable au Tibet, contre sel, céréales et viande.

p. 47 Sud du Dolpo, village de Pugmo, 1982. Lama Nyingmapa en compagnie de sa femme, sur la terrasse de leur maison.

p. 48 Nord-est du Népal, hiver 1978. Pangdjé, 10 ans, s'émerveille des reflets du soleil dans le morceau de glace qu'elle vient de casser d'une flaque d'eau gelée.

p. 49 Ouest du Népal, vallée de Chaudabisé, 1991. Une grand-mère et son petit-fils de la caste des Chétri dans la région de Jumla. Le pendentif au cou du garçonnet représente le dieu hindou Krishna, très populaire au Népal. Enfant, Krishna échappe de justesse à la mort que voudrait lui infliger son oncle. Il est élevé par des vachers. Le jeune dieu est volontiers représenté dans un environnement bucolique en train de jouer de sa flûte qui enchante les jeunes filles.

p. 50-51 Pays sherpa, région du Kumbu, village de Thamé, 1982. Sur d'anciennes terrasses alluviales de la Bhote Khosi, Thamé est situé à 3 600 mètres d'altitude, sur la route du col de Nangpa La et du Tibet. Les galets de la rivière ont servi à l'édification des murets qui clôturent des champs privés où sont cultivés essentiellement des pommes de terre. Le fameux Tensing Sherpa, premier conquérant de l'Everest avec sir Edmond Hillary en 1953, est originaire de ce village.

p. 52 à 55 Nord du Dolpo, village de Saldang, novembre 1991. Le *gara*, forgeron-boucher de bas statut dans la société tibétaine, vient de tuer un yak selon la méthode traditionnelle, par étouffement. L'animal a subi avant de mourir un rite destiné à lui assurer une meilleure réincarnation. Le boucher rapporte chez lui sa paie :la tête et les sabots de l'animal. Nous sommes au début de l'hiver et la viande se conservera bien sous le climat froid et sec. Mais outre sa chair et son lait, le yak fournit bien d'autres éléments indispensables à la vie dans ces vallées d'altitude : le cuir pour les bottes et les liens, le poil pour les cordes et les tentes, la bouse comme combustible dans ce pays sans arbre. Enfin, l'animal prête sa force aux hommes pour transporter le sel et le grain au travers des plus hauts cols de la planète.

p. 61 Nord-est du Népal, 1980. Petite fille bhotia rêvant parmi les champs de millet.

p. 62-63 Nord-est du Népal, 1980. Levé de soleil sur le village d'Hatia. Au premier plan, les drapeaux à prières et les *chorten* du cimetière. Plus bas, les terrasses inondées délimitent les cultures de riz d'altitude. Les autres terrasses sont plantées de millet.

p. 64-65 Ouest du Népal, 1992. Nanda Lal échange l'orge contre ses haricots rouges.

p. 66-67 Nord du Dolpo, 4 000 mètres d'altitude, octobre 1992. Premières neiges sur le village de Karang. La vallée de Nang Kong reçoit moins de 400 millimètres de précipitations par an. Les sols y sont gelés jusqu'à la fin du mois d'avril et, l'été y poussent des cultures irriguées : de l'orge, du sarrasin amer et des pommes de terre. Des torrents recevant l'eau de fonte de névés accrochés aux sommets permettent l'alimentation de rigoles d'irrigation, qui délimitent les champs. Combien de fois, dans le haut Himalaya, à la vue de tels paysages grandioses et désolés, me suis-je demandé pourquoi, un jour, des hommes avaient décidé de s'y installer ? Invasions, persécutions, guerres, exils ? Rien de tout cela, m'expliqua un jour Labrang Tundrup, mon ami chamane : les premiers habitants de ces hautes vallées étaient des ermites, des ascètes venus du Tibet chercher paix et solitude pour mieux pratiquer leur religion. (Voir p. 41-41, 42-43).

p. 68-69 Nord-ouest du Népal, pays bhotia, 1979. Deux gamines viennent regarder le *go serpo*, la tête jaune, comme ils appellent les étrangers.

p. 70-71 Nord-est du Népal, 2 400 mètres d'altitude, 1978. Village bhotia à la limite de la neige.

p. 72-73 Nord du Dolpo, village de Shimen, 3 700 mètres d'altitude, été 1992. Le long de la frontière chinoise, le village de Shimen, pendant la courte période estivale, est une véritable oasis de verdure. Des canaux d'irrigation bordés de quelques saules y permettent la culture de l'orge.

p. 74-75 Dolpo, 4 200 mètres d'altitude, octobre 1991. Récolte de l'orge dans la vallée de Tarap. Dans ces hautes vallées, l'unique récolte annuelle parvient à peine à nourrir les populations pendant quatre mois. Les Dolpo-pa, habitants du Dolpo, se procurent des céréales provenant de Rong, le pays des vallées, et les échangent contre du sel récolté dans les lacs tibétains. Ils compensent ainsi l'aridité de leurs terres par ce troc vital.

p. 76-77 Nord du Dolpo, village de Saldang, 4200 mètres d'altitude. L'orge, coupée à la faucille, est mise en gerbe pour sécher. Elle sera bientôt battue au fléau. Sur le pourtour des maisons aux toits plats sont disposés les précieux buissons de genévrier sec qui serviront à allumer les feux de bouse de yak. Les arbres, rarissimes à une telle altitude, sont protégés des animaux par des murs. Ils fourniront une partie du bois de construction des maisons mais la plupart sera portée à dos d'homme ou de yak depuis les régions forestières situées plus au sud.

p. 78 Nord-est du Népal, 2500 mètres d'altitude, 1976. Récolte du millet dans la vallée de l'Arun. Le soir, les *doko*, hottes de bambou tressé, seront rapportés au village, remplis des petits épis bruns, appelés « petites mains ». La jeune femme bhotia porte au poignet des bracelets de verre typiquement indiens mais aussi une conque marine blanche, traditionnellement prisée par les Tibétains.

p. 79 à 82 Nord-est du Népal, 1980. Après que le jeune garçon a battu le blé avec son lourd pilon de bois, la jeune fille le vanne pour séparer le grain de la bale.

p. 84-85 Nord du Dolpo, pâturage de Shey, 4800 mètres d'altitude. Puti Onguro et ses deux filles sous la tente en poils de yak dans les pâturages d'été. La mère prépare le yaourt.

p. 86-87 Nord du Dolpo, col de Baga La, 5300 mètres d'altitude, 1991. Mon ami Tinlé, caravanier, commerçant, chef de village, qui inspirera le film *Himalaya*, ramène un cheval de Jumla, qu'il ira vendre, l'été venu, au Tibet.

p. 88-89 Dolpo, hauts pâturages, 1987. Afin d'immobiliser chèvres et moutons pour la traite, on les place tête-bêche en enchevêtrant leurs cornes.

p. 90 à 95 Nord du Dolpo, village de Saldang, 4200 mètres d'altitude. À la fois jeu d'adresse, fête et exorcisme des puissances maléfiques, le tir à l'arc, originaire du Tibet, est pratiqué dans quelques villages du nord du Dolpo. Le bambou des arcs et des flèches vient de Rong, le pays des vallées au sud. L'empennage est constitué de plumes de vautour. L'omoplate de mouton qui sert de cible symbolise le cœur du démon. Chaque joueur apporte sa bière d'orge dans de grandes bouteilles de bois, et des *kata*, ces écharpes cérémonielles de soie blanche qui honoreront le vainqueur.

p. 96-97 Ouest du Népal, Haute Karnali, village de Mugu, 1986. Le bourg de Mugu est peuplé de Tibétains. Les forêts de bouleaux et de résineux alentours fournissent bois de construction et bois de chauffage, mis à sécher sur les toits-terrasses. Jusqu'à la fermeture de la frontière tibéto-népalaise, les Mugal ont connu une grande prospérité. Propriétaires de grands troupeaux de chèvres et de moutons qu'ils conduisaient dans les pâturages tibétains, ils échangeaient avec leurs voisins sel et laine contre céréales.

p. 98-99 Dolpo durant la migration vers le sud. Le fils d'un lama psalmodie une invocation à la déesse Drolma pour la protection des voyageurs.

p. 105 Dolpo, 1992. Deux yaks s'affrontent.

p. 106-107 Nord du Dolpo, 1984. Tundrup, compagnon de route de Tinlé, bâte les yaks, qui transportent de 50 à 80 kilogrammes de sel. (Voir p. 86-87).

p. 108-109 Ouest du Népal, 1991. Une jeune femme chétri remontant du Sud rejoint son village à Chaudabisé. Elle rapporte à la maison quelques étoffes et un coq pour la basse-cour. (Voir p. 35 à 38).

p. 110-111 Dolpo, 1992. Les *lha yak*, ou yaks blancs, sont rares et souvent sacrés. Ils peuvent porter des charges nobles mais aucun vêtement ni botte. Ils ne seront jamais abattus pour leur viande et mourront de leur belle mort.

p. 112-113 Nord du Dolpo, 5300 mètres d'altitude, 1981. Départ du bivouac à Choutang. En été, à la faveur des pluies de mousson et même à très haute altitude, herbes et fleurs poussent à profusion.

p. 114-115 Sud du Dolpo, pied du col de Baga La, 3800 mètres d'altitude, 1981. Jusqu'au début des années 1980, les Rong-pa, hommes des vallées, montaient au Dolpo avec leurs caravanes de moutons et de chèvres chargés de grain qu'ils échangeaient contre le sel tibétain. Le taux de la transaction était alors à leur avantage.

p. 116-117 Ouest du Népal, 1992. Nanda Lal fume son *chilam*. Dans l'ouest du Népal, les distances sont souvent mesurées en nombre de *chilam*, une dizaine représentant à peu près une journée de marche. Tous les habits du berger sont tissés avec la laine de ses moutons. Fichée dans son col, la longue alêne indispensable à tout caravanier pour réparer cordages et sacs. (Voir p. 17, 30-31).

p. 118-119 Sud du Dolpo, 1991. Sur les versants dominant la rivière Chaudabisé, les bouleaux, chênes et sapins procurent le bois nécessaire à la construction et à la combustion ainsi que le fourrage pour les animaux : les forêts sont la première source d'énergie du Népal.

p. 120-121 Ouest du Népal, région de Dailekh, 2 000 mètres d'altitude, 1992. Un berger chétri remonte vers Chaudabisé avec sa caravane de moutons chargés de haricots rouges. Le long bambou lui sert à canaliser son troupeau. Ces caravanes de milliers d'ovins chargés de sacs de 8 à 12 kilogrammes font le va-et-vient entre le piémont himalayen et les routes du Sud. Elles apportent aux sédentaires les denrées dont ils ont besoin et les animaux trouvent de quoi paître en chemin.

p. 122 Région de Dullu, 1991. Un bébé dort dans la hotte-berceau que sa mère porte sur son dos. Un filet l'empêche de tomber.

p. 123-124 Dolpo, décembre 1992. Tinlé pousse ses yaks vers le col de Kagmara (le col où meurent les choucas) à 5 400 mètres d'altitude. Les caravanes de yaks quittent le Dolpo après la récolte de l'orge. Au bout d'un voyage de 3 à 4 semaines à travers les plus hauts cols de la planète, hommes et bêtes vont passer 5 à 6 mois dans le Sud, où les denrées seront échangées et où les animaux trouveront de quoi paître. Ces mêmes caravanes, cette fois chargées de grain, remonteront au Dolpo en mai, après la fonte des neiges. (Voir p. 86-87,150-151).

p. 125-126 Ouest du Népal, région de Surkhet, 2 500 mètres d'altitude, 1991. Les forêts de chênes et de résineux sont enveloppées la plus grande partie de l'année par une ceinture de nuages qui leur confère une forte humidité, c'est « la forêt de nuages », typique des montagnes subtropicales. Mousses, lichens, lianes et épiphytes s'y multiplient. Sa traversée est particulièrement difficile pendant la mousson. Ici, une caravane traverse la forêt. Des chiens aux colliers hérissés de pointes acérées protègent les ovins des léopards. Pour que la laine des moutons soit de bonne qualité, les bergers doivent trouver un équilibre entre un climat suffisamment froid et une herbe suffisamment abondante. Les troupeaux descendent vers le sud en hiver sans quitter les chemins de crête.

p. 128-129 Sud-ouest du Népal, 1991. Au petit matin, les caravaniers chétri profitent de la chaleur des dernières flammes avant de se lancer sur les chemins avec leurs moutons.

p. 130-131 Centre du Népal, 1985. Deux anciens Gurkhas de l'armée britannique, qui ont servi en Europe lors de la Seconde Guerre mondiale, posent devant leur maison avec leur progéniture et leurs médailles.

p. 132 et 133 Sud du Dolpo, 1992. Un jeune enfant du Dolpo émerge de ses couvertures au petit matin tandis que Renzing Dorjé prépare la bouillie de maïs.

p. 134-135 L'Annapurna, 8 091 mètres, à gauche, alors que le sommet voisin est couronné par un nuage annonciateur de mauvais temps. L'Himalaya, la plus haute barrière montagneuse du globe, a toujours été traversée par les hommes, qui en ont fait un carrefour de civilisations entre l'Asie centrale et l'Asie des moussons. Le petit royaume du Népal ne compte pas moins de 35 groupes ethniques et une centaine de langues et dialectes différents.

p. 136-137 Sud du Dolpo, 1981. Les yaks, qui ne dorment pratiquement jamais, profitent de la nuit pour paître en toute liberté. Au matin, il faut plusieurs heures aux caravaniers pour les rassembler et les ramener au camp.

p. 138-139. Ouest du Népal, 1992. Caravanes de moutons sur la crête de Balou Lekh, le mont de l'Ours. (Voir p. 30-31).

p. 140-141 Ouest du Népal, 1992. Nanda Lal Chétri, une quenouille à la main, caresse un *lamba*, le bélier chef de troupeau, reconnaissable à son masque rouge. (Voir p. 17, 30-31, 116-117).

p. 142-143 Nord-est du Népal, 1978. Un porteur lourdement chargé traverse un *passam*, pont de lanières de bambou tressées. Durant la mousson, le courant est particulièrement tumultueux et la traversée de ces ponts suspendus réserve toujours de beaux battements de cœur.

p. 149 Nord-est du Népal, janvier 1977. Danène, mon premier ami bhotia, un grand *khoukouri* à la ceinture, contemple les premiers flocons de neige.

p. 150-151 Dolpo, mai 1994. Yaks et hommes reprennent leur souffle au sommet de Kagmara (5 400 mètres). (Voir p. 86-87, 123-124).

p. 152-153 Ouest du Népal, Balou Lekh ou « mont de l'Ours », 3 400 mètres d'altitude, 1992. Un berger chétri porte un mouton à la patte cassée. (Voir p. 17, 138-139).

p. 154-155 Décembre 1987. Juste avant l'arrivée dans les premiers villages du Sud, une caravane de yaks est prise dans une tempête de neige.

p. 156-157 Ouest du Népal, Chyakhure Lekh, 1992. Dans le bassin de la Karnali, la chaîne de Chyakhure, à 4 000 mètres d'altitude, sépare les milieux subtropicaux du Sud, bien arrosés en été par les pluies de mousson, des moyennes montagnes de Jumla, de Humla et de Mugu au nord, au climat beaucoup plus sec et froid.

Elle est toutefois traversée régulièrement par les troupeaux transhumants et les commerçants, qui circulent entre la frontière tibétaine et la frontière indienne. En arrière-plan, les sommets enneigés du Sisne et du Kanjiroba dépassent 7 000 mètres. (Voir p. 30-31, 138-139).

p. 158-159 Mère et fille poussent leurs animaux de bât vers le village.

p. 160 à 165 Nord-est du Népal, 1979. Pris dans une tempête alors qu'ils regagnent leurs villages de l'autre côté de la frontière, des caravaniers tibétains déchargent leurs yaks avant de se protéger dans une grotte voisine.

p. 166 Nord-ouest du Népal, 1997. Yak et caravanier dans la tempête. À sa ceinture pend son *métchak*, briquet tibétain composé d'une pochette de cuir contenant silex, étoupe et patin d'acier.

p. 167 à 169 Nord-est du Népal, 1979. Caravanes de yaks prises dans la tempête. Le sentier, invisible sous la neige, doit être ouvert par les hommes. Lorsque la couche est trop épaisse, les animaux sont incapables de dégager l'herbe pour brouter. Les caravaniers doivent alors les nourrir, à l'aide d'une corne de yak, d'une soupe d'orties et de farine d'orge salée.

p. 170 Nord-est du Népal, 1978. Les aînés s'occupent des plus jeunes. Une jeune fille bhotia et son frère, de la terrasse de leur maison, regardent les yaks s'éloigner sous la neige.

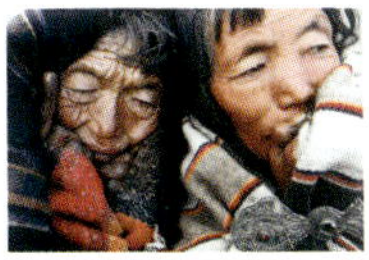

p. 172-173 Nord du Dolpo, 1996. Au sommet d'un col, deux femmes tentent de se réchauffer en se serrant l'une contre l'autre.

p. 174-175 Col de Lagno Shey, décembre 1997. Lors du tournage du film *Himalaya, l'enfance d'un chef*, notre caravane s'échappe des montagnes avant les grandes tempêtes.

p. 176-177 Col de Lagno Shey, 5 400 mètres d'altitude, mai 1992. Caravaniers se protégeant de la tempête.

p. 178-179 Caravane de moutons gravissant le Balou Lekh. (Voir p. 30-31, 138-139, 156-157).

p. 180 à 183 Dolpo, 1984. Les caravanes de yaks longent le lac de Ringmo, à 3 600 mètres d'altitude. Bientôt hommes et bêtes vont arriver chez leurs partenaires chétri, avec lesquels ils vont échanger le sel contre le grain.

p. 184-185 Nord du Dolpo. Descente du col de Toujé La. Même les enfants se lancent avec détermination sur la route du grain.

p. 186-187 Ouest du Népal, 1992. Après six mois d'errance, Mani Lal arrive au printemps à Chaudabisé, sa vallée, où l'attendent les travaux des champs. (Voir p. 17, 30-31, 35 à 38, 116-117).

p. 193 Ouest du Népal, région de Jumla, 1992. Un homme de la caste des Damaï, tailleurs-musiciens, en compagnie de son fils, pose avec son hautbois durant une cérémonie mortuaire. Il porte sa paie épinglée sur sa veste.

p. 194-195 Sud-ouest du Népal, région de Surkhet, 1992. Les caravanes de moutons arrivent sur une des routes du sud que des ouvriers sont en train de construire.

p. 196 à 199 Ouest du Népal, 1992. Dans le bourg de Dailekh, deux mondes se croisent : caravaniers et sédentaires. C'est de ces chefs-lieux que rayonnent l'autorité népalaise et le commerce.

p. 200 à 203 Ouest du Népal, vallée de Chaudabisé, village de Talphi, 1992. Un des villages de la vallée où sel et grain changent de mains. (Voir p. 35 à 38).

p. 204-205 Ouest du Népal, 1991. Dans la forêt, à la lueur d'un grand feu, tout en fumant un *chilam*, un berger veille sur son troupeau pour le protéger des loups et des léopards.

p. 206 Nord-ouest du Népal. Femme Dolpo-pa posant avec ses bijoux d'argent, corail, ambre et turquoise.

p. 207 Femme du Dolpo.
p 209 Berger gurung dans sa cape de laine feutrée.

p. 208 Nord-ouest du Népal. Lors de la migration vers le sud, une jeune fille, enveloppée dans une couverture typique du Dolpo, vient d'appliquer le *totcha*, maquillage à base de décoction de racines qui protège les yeux de la réverbération du soleil sur la neige.

p. 210 Paysan du Dolpo, 1991.

p. 211 Barta, qui a perdu un œil sous l'assaut des abeilles, a été remplacé par son fils Mani Lal dans la chasse au miel. (Voir p. 265, 282 à 286).

p. 212-213 Ouest du Népal, région de Dullu, 1992. Après la mousson, en octobre, mère et fille repeignent la maison d'argile rouge et de chaux.

p. 214-215 Dolpo, 1991. Fumeur de pipe à Tarap.

p. 216-217 Femme du Dolpo.

p. 218-219 Ouest du Népal, région de Surkhet, 1992. Le facteur porte le sac de courrier sur son dos. La lance est sensée le protéger des brigands, des animaux sauvages et des chiens. Au son des clochettes, les passants s'écartent du chemin.

p. 220-221 Une jeune femme chétri boit de l'eau d'un *téki*, récipient de bois.

p. 222-223 Dolpo, vallée de Tarap, été 1992. Durant la fête du milieu de l'été, un mendiant fait tourner son moulin à prières.

p. 229 Nord-est du Népal, 1980. Un lama, assis sur un toit, fait l'offrande du grain aux dieux locaux pour exorciser une maison.

p. 230-231 Nord du Dolpo, monastère de Tsakang, 4 700 mètres d'altitude, 1997. (Voir p. 250-251).

p. 232-233 Nord-est du Népal. Tinlé Wangchouk tient à la main un *dorjé*, « foudre » ou « diamant », qui symbolise le principe mâle dans le bouddhisme tantrique. Le principe femelle est représenté par une cloche. (Voir p. 20-21).

p. 234-235 Nord du Dolpo, été 1981. Des pèlerins se prosternent devant la montagne de cristal lors du pèlerinage annuel de la pleine lune d'août. Le *lapsé*, cairn surmonté de drapeaux à prières, symbolise la résidence des dieux. On y empile les cornes des meilleurs yaks pour leur faciliter une heureuse réincarnation.

p. 236-237 Nord-est du Népal, 1976. Les offrandes de fleurs et de grains sont disposées sur un plateau contenant des lampes à beurre lors d'une cérémonie mortuaire chez les Bhotia. (Voir p. 244-245, 250-251).

p. 238-239 Nord-ouest du Dolpo, monastère de Trimyer, 1981. Lové dans le pli déjeté d'une paroi rocheuse constituée de formations sédimentaires de la zone tibétaine, le temple du hameau de religieux de Trimyer est localisé dans la vallée de Barbung, une des quatre vallées du Dolpo.

p. 240-241 Dolpo, vallée de Tarap, 1981. Péma Tenzing Lama est un prêtre tantrique, un *Ngagpa*. Il porte des lunettes en mica, souvenir d'une ancienne expédition d'alpinistes.

p. 242-243 Dolpo, monastère de Tsakang, 1994. Tenzing Cheugyal en prière devant un coffre contenant la dépouille du lama de Shey conservée dans du sel. Les corps des saints hommes, séchés et couverts de feuilles d'or, sont parfois exposés comme des reliques dans certains monastères. (Voir p. 230-231).

p. 244-245 Nord-est du Népal, 1978. Lama lisant le livre des morts tibétain lors d'une cérémonie funéraire. Ce texte guide l'âme du défunt lors du voyage de 49 jours qui sépare sa mort de sa nouvelle réincarnation. (Voir p. 236-237, 250-251).

p. 246-247 Ouest du Népal, 1992. Dans la vallée de Chaudabisé, Kal Das Chétri, oracle du dieu Masta (représenté sur les figurines de bois autour de lui), fait une divination par les grains afin de déterminer la date propice au départ des caravanes de moutons de son père Nanda Lal. (Voir p. 17, 30-31, 116-117).

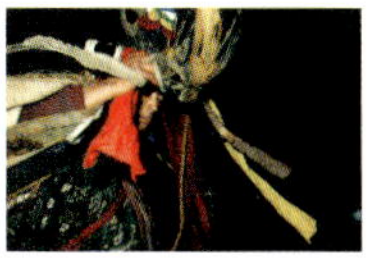

p. 248-249 Nord-est du Népal, 1979. Promouke Lama danse à l'intérieur d'un monastère pour chasser les démons.

p. 250-251 Nord-est du Népal, 1978. Pour signifier au défunt qu'il fait partie d'un autre monde et ne doit pas revenir hanter les vivants, le lama brûle le papier sur lequel était écrit son nom.

p. 252-253 Vallée de Katmandou, Tétcho, village newar, 1976. Durant la fête hindoue de Nau Durga, les neuf danseurs incarnent les divinités assoiffées de sang.

p. 254-255 Nord du Dolpo, monastère de Yang Sher, 1992. Guru Drakpa et ses acolytes dansent autour du feu où l'effigie du démon sera détruite lors d'un exorcisme.

p. 256-257 Nord du Dolpo, 1981. Lama Nyingmapa du village de Phijer.

p. 258-259 Nord-est du Népal, 1980. Cérémonie funéraire tibétaine. Les dieux et démons du baldaquin représentent les créatures que le défunt rencontrera dans sa traversée de 49 jours du *bardo*, espace qui sépare sa mort de sa prochaine réincarnation. (Voir p. 244-245).

p. 265 Centre du Népal, 1985. Nanda Lal Gurung et son frère Sri Lal posent avec leurs bambous de chasseur de miel et leurs vieux fusils devant leur domaine, la forêt qui s'étend entre 2 500 et 3 800 mètres d'altitude au pied de l'Himalaya. Les Gurung se protègent du froid et de la pluie dans de grandes capes de laine feutrée. (Voir p. 282 à 287).

p. 266-267 Sud-ouest du Népal, forêt du Téraï, le long de la frontière indo-népalaise, 1996. Émergeant des brumes matinales, les sals, Shorea robusta, occupent encore une partie de la plaine indo-gangétique du Téraï de l'Ouest. D'un port majestueux, ces arbres tropicaux peuvent atteindre 30 à 40 mètres de hauteur, leur bois de grande qualité est utilisé pour la construction. Avec sa forêt dense de sals, le Téraï, impaludé jusque dans les années 1950, a constitué dans le passé une barrière plus difficile à franchir que la chaîne himalayenne et a protégé le Népal des invasions étrangères. Depuis 1952, l'Organisation mondiale de la santé a mené une campagne d'éradication de la malaria et la plaine du Téraï a été largement déboisée. Elle est devenue le grenier à grain du Népal, attirant une population nombreuse en provenance des montagnes : c'est aujourd'hui la zone la plus peuplée du pays.

p. 268-269 Centre du Népal, 1985. Groupe d'enfants gurung.

p. 270-271 Centre du Népal, 1987. Une femme gurung, sous l'auvent de sa maison, fume la pipe à eau.

p. 272 à 275 Centre du Népal, 1987. Au printemps, dans les forêts de rhododendrons en fleurs, Mèdge Gurung chasse le *ghoral* (*Nemorhaedus goral*). La peau de l'animal sèche, tendue entre des piquets de bambous.

p. 276-277 Centre du Népal, pays Tamang, 1988. Le *khoukouri*, lourd coutelas recourbé que tout Népalais des collines porte à la ceinture, est devenu l'emblème des soldats gurkhas.

p. 278 et 279 Villageois gurung en train d'assiter à la récolte du miel.

p. 280-281 Centre du Népal, 1985. Bim Bahadur Gurung ramène une proie au camp.

p. 282 Mani Lal Gurung, une abeille sur la joue, se repose entre deux récoltes de miel. L'*Apis laboriosa* est la plus grosse abeille du monde. (Voir p. 265, 282 à 287).

p. 283 à 286 Centre du Népal. À plusieurs dizaines de mètres du sol, accroché à une échelle, Mani Lal récolte le miel des falaises en éventrant les nids à l'aide de ses longs bambous. Des gravures rupestres vieilles de 12 000 ans attestent l'ancienneté de cette pratique. (Voir p. 265, 282 à 287).

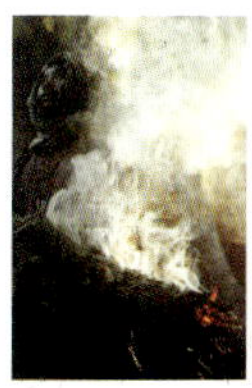

p. 288 Chasseur de miel raji, 1998. Krishna a allumé une *hoka*, ce fagot de branches et de feuilles dont la fumée protège les hommes de l'attaque des abeilles.
p. 289 Mêne Bahadur Gurung, le porteur d'échelle, se protège de l'attaque des abeilles dans sa cape de laine.

p. 290-291 Raja Shimal, le roi des arbres comme l'appellent les Raji, mesure 50 mètres de haut. Son tronc atteint plus de 20 mètres de circonférence. En saison, il abrite une centaine de nids que l'on aperçoit ici accrochés sous les branches. Bahadur, le chef d'une équipe de chasseurs de miel, prépare sa *hoka* avant d'aller récolter le miel.

p. 292-293 Les paysans alentour se regroupent pour profiter du spectacle des chasseurs de miel et d'une partie du butin qu'ils échangeront contre du riz, des légumes et de l'alcool. Souvent les abeilles les attaquent.

p. 294-295 Les Raji du Sud du Népal sont aussi des chasseurs de miel. Contrairement aux Gurung qui le récoltent dans les falaises, eux le récoltent dans les arbres. L'enfumage provoque une véritable explosion d'insectes.

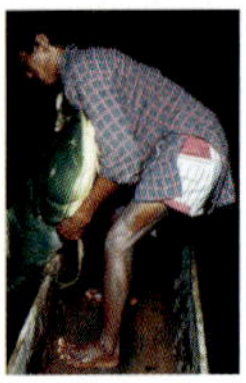

p. 301 Ouest du Népal. Krishna, pêcheur raji, retire un *tere* (gros poisson-chat) de la rivière.

p. 302-303 Est du Népal, rivière Sun Kosi, 1976. Dans les brouillards matinaux, porteurs traversant la rivière sur des pirogues taillées dans des troncs d'arbres.

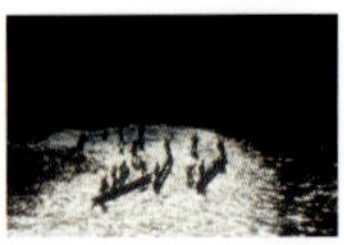

p. 304 à 307 Ouest du Népal, 1996. Remontée de la rivière en pirogue par des Raji.

p. 308-309 Ouest du Népal, 1998. Bivouac raji.

p. 310-311. Centre du Népal, 1986. Fille gurung s'endormant dans les bras de sa mère.

p. 312-313 Ouest du Népal, 1996. Un Raji sur sa pirogue.

p. 314-315 Centre du Népal, 1992. Forêt himalayenne sous les nuées de la mousson.

p. 316 à 319 Sud-ouest du Népal, 1994. Femmes Rana Tharu à la pêche.

p. 320-321 Ouest du Népal, 1998. Intérieur d'une grande maison Chaudhari Tharu. Ces immenses jarres de terre qui contiennent des céréales séparent les différentes pièces. Dans cette maison vivent une soixantaine de personnes.

p. 322-323 Sud-est du Népal. Khoya, une jeune fille Rana Tharu, natte ses cheveux avant la fête.

p. 324-325 Sud-ouest du Népal, 1994. Femmes Rana Tharu à la pêche.

p. 326-327 Ouest du Népal, 1998. École en plein air chez les Rana Tharu.

p. 328-329 Sud-est du Népal. Femme Rana Tharu restaurant les bas-reliefs de sa maison.

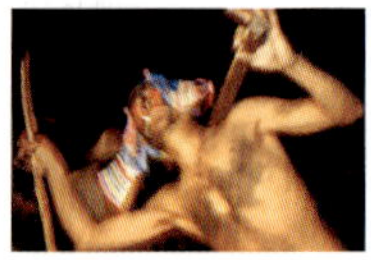

p. 330-331 Ouest du Népal, 1998. Lors de la pleine lune, les hommes Rana Tharu se déguisent et improvisent des spectacles.

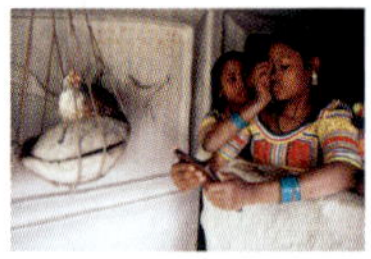

p. 332-333 Ouest du Népal, 1993. Jeunes filles Rana Tharu se maquillant à l'intérieur de leur maison décorée de bas-reliefs, où un poulailler, suspendu au plafond, protège la volaille des prédateurs nocturnes.

p. 334-335. Ouest du Népal, 1991. Jeune beauté Rana Tharu. L'origine des Rana reste mystérieuse. Leurs traits sont à la fois indiens et mongoloïdes.

p. 341 Est du Népal, 1977. Après la récolte du riz et avant les semailles de blé d'hiver en novembre, les terrasses qui sculptent les collines sont inondées en vue des prochains labours.

p. 342-343 Vallée de Katmandou, 1984. Un homme se repose sur une place de Bhaktapour.

p. 344-345 Vallée de Katmandou, 1982. Des pèlerins venus du Dolpo font la circonvolution de la *stupa* de Bodhnath sous les drapeaux à prières.

p. 346-347 Vallée de Katmandou, Pashupatinath, lieu de pélerinage hindou le long de la rivière Bagmati, 1983. Un *sadhu* enveloppe sa longue chevelure dans un turban.

p. 348-349. Vallée de Katmandou, 1987. Scène de vie quotidienne dans la petite ville newar de Bhaktapour.

p. 350-351 Katmandou, 1993. Vieux couple de bramanes.

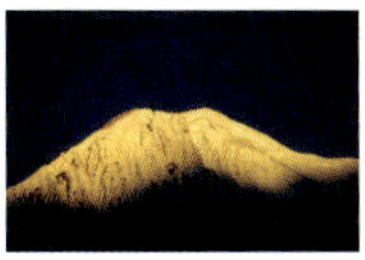

p. 352-353 Centre-nord du Népal, 1987. Le sommet du Nilgiri dans les premiers rayons du soleil.

p. 354 à 359 1985. Ouvriers sur les routes himalayennes. Ces routes, qui pénètrent de jour en jour plus profondément les montagnes et demandent un entretien constant à cause des moussons, changent l'économie et le mode de vie de façon radicale, pour le meilleur et pour le pire.

p. 360-361 Centre du Népal, 1984. Vallée de Muktinath durant l'été. Les villages sont entourés de champs de sarrasin multicolores.

p. 362-363 Vallée de Katmandou, ville de Pashupatinath, 1982. Au bord de la rivière Bagmati, selon la coutume hindoue, le fils, crâne rasé, prépare le corps de son père avant la crémation où il allumera lui-même le bûcher.

p. 364-365 Vallée de Katmandou, Pashupatinath, 1982. Ablutions matinales le long de la rivière Bagmati gonflée par les pluies de la mousson.

p. 366 Vallée de Katmandou, 1983. *Sadhu* et *sanyasi* (« renonçants ») posent devant leurs abris lors de la fête de Shivaratri à Pashupatinath.
p. 367 Vallée de Katmandou, 1980. Temples au soleil levant. Il semblerait que ce style d'architecture en toit pagode ait été créé par des architectes Newars dans la vallée de Katmandou avant d'être exporté en Chine.

p. 368-369 Vallée de Katmandou. Fête newar. Les dieux sont transportés par la foule dans les rues du village.

p. 370-371 Vallée de Katmandou, 1978. À Tétcho, les danseurs personnifiant les neuf déesses parcourent le village lors de la fête de Nau Durga. (Voir p. 252-253).

p. 372-373 Vallée de Katmandou. Couple sculpté sur un des piliers du temple de Panauti.

p. 374-375 Vallée de Katmandou, 1981. Femme newar massant son nouveau-né dans la cour de sa maison où sèchent le piment rouge.

p. 376-377 Vallée de Katmandou, 1981. Paysans devant leur maison où sèchent maïs et piments rouges.

p. 378-379 Centre du Népal, 1981. Le village de Muktinath et ses quelques champs d'orge est niché sous le col de Torong La (5 450 mètres d'altitude) derrière le massif de l'Annapurna.

BIBLIOGRAPHIE

CHAPITRE 1

FORT (M.), « La surrection permanente », Paris, Autrement, *Himalayas*, hors-série n° 28, février 1988, p. 51-54.
FORT (M.), « La montagne mise à nu », Paris, Autrement, *Himalayas*, hors-série n° 28, février 1988, p. 55-63.
IVES (J. D.) et MESSERLI (B.), *The Himalayen Dilemma. Reconciling Development and Conservation*, Londres et New York, Routledge, 1989.
MASCLE (G.), DELCAILLAU (B.) et HERAIL (G.), « La formation de l'Himalaya », *La Recherche*, vol. 21, n° 217, janvier 1990, p. 30-39.
BILHAM (R.), « The Next Great Earthquake », *Himal*, mai-juin 1994, p. 26-30.
PRADHAN (S.), " Earthquakes be damned ", *Himal*, janvier 1999, p. 27.
LANDON (P.), *Nepal*, vol. I et II, Bibliotheca Himalayica, Series I, vol. 16, Katmandou, Ratna Pustak Bhandar, 1976 (1928).

CHAPITRE 2

ADHIKARY (S. M.), *The Khasa Kingdom. A trans-Himalayan Empire of the Middle Age*, Jaipur, New Delhi, Nirala Publications.
ALLEN (C.), *The search for Shangri-La*, Londres, Little, Brown and Company, 1999.
GABORIEAU (M.), *Le Népal et ses populations*, Paris, PUF, 1978.
HODGSON (B. H.), *Essays on the Languages Literature and Religion of Nepal and Tibet*, New Delhi, Manjusri Publishing House, 1972 (1874).
OPPITZ (M.), « Myths and Facts : Reconsidering some data concerning the clan history of the Sherpas », *Kailash*, vol. 2, 1974, 1 & 2, p. 121-131.
RAMIREZ (P.), *De la disparition des chefs. Une anthropologie politique népalaise*, CNRS, Éditions, 2000.
SARDAR-AFKHANI (H.), « An account of Padma-Bkod : A Hidden Land in Southeastern Tibet », *Kailash*, vol. XVIII, 1996, n° 3 & 4, p. 1-22.

CHAPITRE 3

GABORIEAU (M.), *Le Népal et ses populations*, Paris, PUF, 1978.
REINHARD (J.), « Shamanism among the Raji of Southwest Nepal », *in* Hitchcock, J.T. & Jones, R.L. (ed.), *Spirit possession in the Nepal Himalayas*, Warminster, Aris and Phillips Ltd, 1976, p. 263-292.
BISTA (D. B.), *The peoples of Nepal*, Katmandou, Ratna Pustak Bhandar, 1980 (1967).
RAMIREZ (P.), *De la disparition des chefs. Une anthropologie politique népalaise*, Paris, Éditions du CNRS, 2000.
TIWARI (Bhimnidhi), *Silanyas* (*La Pierre de fondation*), *Shripanchko sarkar pracar trasar mantralaya samskriti bibhag*, 1967 (2023 V.S.), 1943 (2000 V.S.).

CHAPITRE 4

Karmay (S.), *The Precious Treasury of Good Sayings : a Tibetan History of Bon*, Londres, OUP, 1972.

McHugh (E. L.), « Culture and the Transformation of Suffering among the Gurungs of Nepal », *in* C. Ramble et M. Braun (ed.), *The Anthropology of Tibet and the Himalaya*, Zurich, Ethnological Museum of the University of Zürich, 1993, p. 208-214.

Mumford (S. R.), *Himalayan Dialogue. Tibetan lamas and Gurung shamans in Nepal*, Wisconsin, The University of Wisconsin Press, 1989.

Pignède (B.), *Les Gurung, une population himalayenne du Népal*, Paris, Mouton, 1966.

Sagant (P.), « Le chamane assoupi » *in* M. Gaborieau et A. Thorner (ed.), *Asie du Sud, Traditions et Changements*, colloques internationaux du CNRS, Paris, CNRS, Éditions, 1979, p. 243-247.

Samuel (G.), « Shamanism, Bon and Tibetan Religion », *in* C. Ramble et M. Braun (ed.), *The Anthropology of Tibet and the Himalaya*, Zurich, Ethnological Museum of the University of Zürich, 1993, p. 318-330.

CHAPITRE 5

Sagant (P.), « L'hindouisation des Limbu » *in* A.W. Macdonald (éd.), *Les Royaumes de l'Himalaya*, Paris, Imprimerie nationale, 1982, p. 209-239.

Stiller (L. F.), *The Rise of the House of Gorkha*, Katmandou, Ratna Pustak Bhandar, 1973.

CHAPITRE 6

Spengen (W. van), *Tibetan Border Worlds, A Geohistorical Analysis of Trade and Traders*, Londres et New York, Kegan Paul International, 2000.

Toffin (G.), « Chasse interdite », Paris, Autrement, *Himalayas*, hors-série n° 28, 1988, p. 82-89.

CHAPITRE 7

Aris (M.), « Man and Nature *in* the Bouddhist Himalayas », *Himalayan Environment and Culture*, N. K. Rustomji & C. Ramble (ed.), Shimla, Indian Institute of Advanced Study, 1990, p. 85-101.

Ives (J. D.) & Messerli (B.), *The Himalayan Dilemma, Reconciling development and conservation*, Londres et New York, Routledge, 1989.

Milarépa, *Les Cent Mille Chants*, traduit du tibétain par M. J. Lamothe, Paris, Fayard, 1986.

Ramirez (P.), « Densités de populations, modes de subsistance et organisation politique dans l'Arunachal Pradesh (Inde) », *Péninsule* 35, 1997 (2), p. 47-69.

Smadja (J.), « Natural Ressources, Uses and Lanscapes », *Resunga, in* Philippe Ramirez (ed.), *The Mountain of the Horned Sage*, Bibliotheca Himalayica, vol. 16, Lalitpur, Himal Books, 2000, p. 198-221.

CHAPITRE 9

Caplan (L.), *Warrior Gentlemen. « Gurkhas » in the Western Imagination*, Oxford, Berghahn Books, 1995.

Dowwman (K.), *The Flight of the Garuda. Teachings of the Dzokchen Tradition of Tibetan Buddhism*, Boston, Wisdom Publications, 1994.

Whelpton (J.), *Jang Bahadur in Europe*, Katmandou, Sahayogi Press, 1983.

INDEX

(Noms propres de personnes, de divinités 7et géographiques)

Lakpa Gyalzen, Tensing Norbu, Labrang, Sarah, Debra, Éric et les autres sur les sentiers himalayens.
© D. Kellner, Lakpa, D. Summer, E. Valli.

Crédits

Toutes les photographies de *Himalaya* sont d'Éric Valli à l'exception des pages :
58, 59, 60, 102, 103, 104, 146, 147, 148, 190, 192, 226, 227, 228, 263, 264, 298, 299, 300, 338, 339, 340, 381, 383 : © DR
Carte page 386 : © Patrick Mérienne

Remerciements d'Anne de Sales :

Je remercie Sophie Bessis, Charles Ramble et Christiane de Sales
pour leur lecture critique d'une première version de mon texte.
Les chercheurs de l'équipe du CNRS « Milieux et sociétés en Himalaya » : Marie Lecomte-Tilouine,
Philippe Ramirez, Joëlle Smadja et Gérard Toffin, ainsi que leur inestimable bibliothécaire,
Pierrette Massonet, m'ont fourni sans réserve et le plus souvent au débotté
les documents et les informations dont j'avais besoin. Je les en remercie vivement.
Je remercie enfin Monique Fort qui m'a aidée à démêler le scénario
de la rencontre géologique entre l'Inde et l'Asie.

Achevé d'imprimer en août 2010
sur les presses de l'imprimerie Tien Wah Press
Dépôt légal : septembre 2010
ISBN : 978-2-7324-4133-7
Imprimé à Singapour